ÁNGEL MARTÍN

PUNTO PARA LOS LOCOS

Planeta

Av. Diagonal, 662-664, 08034 Barcelona
www.editorial.planeta.es
www.planetadelibros.com

Diseño de maqueta: J. Mauricio Restrepo

Primera edición: noviembre de 2024
Depósito legal: B. 17.206-2024
ISBN: 978-84-08-29448-1
Preimpresión: Realización Planeta
Impresión: Gohegraf
Printed in Spain – Impreso en España

PEFC Certificado
Este libro procede de bosques gestionados de forma sostenible
PEFC
PEFC/14-38-00305
www.pefc.es

ÍNDICE

Dedicatoria	5
Prólogo, por Ángel Martín	7
Cosas que han dicho	29
Punto para los locos	35
Nos vimos en...	171
Biografía del autor	191

Escribir este monólogo me llevó cerca de tres años, hasta sentir que estaba tal y como yo quería, por un motivo muy sencillo:
necesitaba que, aparte de reírse, la gente saliera del teatro con la sensación de que alguien les acababa de pegar un manguerazo a todos esos pensamientos que lo único que hacen es tratar de convencerte de que no serás capaz de remontar y volver a ser feliz.
Y, teniendo en cuenta los mensajes que recibí después de cada actuación, creo que puedo decir que, con muchísimas personas, sucedió.
No sé cuál es tu situación.
No sé si ahora mismo tú estás bien, mal, en la mierda o regular.
Pero estoy casi seguro de que, si decides darle una oportunidad a este grupo de palabras que han tardado cerca de tres años en juntarse, cuando cierres el libro que tienes en tus manos, lo harás con una sonrisa, los ojos un pelín vidriosos y la cabeza algo más limpia.
Eso sí...
Intenta leerlo con mi voz
Por cierto...
te quiero no,
lo siguiente
#Puntoparalosbocos
#Post-it

PRÓLOGO

POR ÁNGEL MARTÍN

Este libro existe por un solo motivo...
Tú has hecho que exista.

Has estado empujando y alimentando con tanta fuerza una pequeña esperanza que nació a finales de 2021 con *Por si las voces vuelven* que, ahora, *Punto para los locos,* un texto predestinado a ser olvidado cuando yo lo interpretara por última vez, se ha convertido en algo inmortal gracias a ti.

Y no me quiero poner demasiado mágico, pero no me negarás que hay algo precioso en que una frase como «¡Punto para los locos!», que nació dentro de una sala común del ala de psiquiatría de un hospital para dar la razón a uno de los pacientes cuando un enfermero le quiso llamar la atención, en lugar de quedar para siempre atrapada entre esas cuatro paredes sin que nadie supiera que una vez se dijo, se haya convertido en una especie de «grito de guerra» para reconocernos entre algunos de los que hemos estado en lugares donde aprendimos que hay emociones que no queremos volver a sentir.

Si no sabes de qué hablo, significa que no has leído *Por si las voces vuelven*. ¿Es imprescindible haberlo leído para entender el monólogo? No. Pero cada vez que te niegas a leerlo, muere un cachorrito de tu animal preferido en algún sitio.

Cada vez que recibo una fotografía donde puede leerse «Punto para los locos» tatuado en la piel de quien me la envía, no puedo evitar sonreír y viajar a los días en que estuve ingresado tratando de entender qué mierda pasaba y por qué estaba encerrado en un hospital donde mi única urgencia era que pasaran los días con la esperanza de que a la mañana siguiente se abriera la puerta de mi habitación y alguien me dijera: «Ya te puedes ir».

Y si al recordarlo sonrío no es porque en aquel momento yo fuera feliz o porque me haga muchísima gracia.

De hecho, es una sonrisa mezclada con un leve nudo. Un nudo que cierra un pelín la garganta y evita que las lágrimas salgan del todo.

Sonrío porque la buena noticia es que pasar por aquello parece que le está sirviendo de algo a gente que ni siquiera conozco.

Por eso, cuando recibí la foto del primer tatuaje, pensé que el monólogo que estaba escribiendo por aquel entonces no solo tenía que servir tanto como lo estaba haciendo *Por si las voces vuelven,* sino que debía tener un título que claramente demostrara mi agradecimiento a todos los que estaban convirtiendo ese libro casi en un movimiento.

Así que, aunque, como te decía al principio, no me quiero poner demasiado mágico, creo que es justo que sepas que, en el fondo, soy de los que sí creen en la magia.

Y, con un poco de suerte, cuando termines este prólogo y antes de que empieces a leer el monólogo, también tú creerás.

O, por lo menos, dudarás.

Hace muchos años vi una de las películas que más ha marcado mi vida.

No es una gran película.

De hecho, habrá quien considere que es una basura infumable, terriblemente edulcorada y mala.

Y seguramente lo sea.
No se lo discuto.
Sin embargo, me marcó.

Es lo que tiene vivir.
Que, excepto los tatuajes, no puedes elegir de forma voluntaria qué cosas quieres que te marquen.
Si algo te quiere marcar, te marca y punto.

La película en cuestión se llama...
Campo de sueños.

La trama es absurdamente simple.
Un tipo (Kevin Costner), que tiene un campo de maíz, un día escucha una voz que le susurra: «Si lo construyes, él vendrá», y el tipo decide ignorar los consejos de todos los suyos, poner en riesgo todo lo que tiene, cargarse el campo de maíz y construir en su lugar un campo de béisbol, convencido de que, al hacer eso, pasará algo mágico.

«¿Y sucede?», te preguntarás.
Si quieres saberlo, busca la peli y la ves.

Yo solo sé que aquella película me atravesó y, mientras la gente que la veía conmigo no hacía más que llamar idiota al tipo que había decidido arriesgarlo todo por una voz que solo había escuchado él, yo no paraba de sentir que lo idiota sería no apostarlo todo a una voz que, claramente, él sí había escuchado, aunque los otros, no.

Creo que los sueños no son una cosa mágica imposible de lograr.
Creo que son un pálpito de algo que, dentro de ti, no hace más que suplicarte:

«INTÉNTAME».

¿Alguna vez te has preguntado cuándo empieza un sueño?

¿Nacemos con ellos y un día, simplemente, vemos o escuchamos algo que hace «clic» en la tapa del baúl donde los guardamos?

¿Nacemos sin ellos y, de repente, vemos o escuchamos algo que nos genera un escalofrío que, en realidad, es un sueño atravesando nuestra espalda para quedarse en nuestros huesos para siempre?

¿Cuándo empieza un sueño?

Obviamente no tengo ni idea de la respuesta, pero sé que una de las características más importantes de un sueño es que, cuando aparezca, ya no se despegará de ti jamás.

Te aseguro que, por muchas duchas de agua hirviendo que te pegues, ese sueño se quedará pegado a ti con una única intención.

Que lo intentes alcanzar, o que te arrepientas para siempre de no haberlo intentado.

No hay un punto medio.

Los sueños no permiten un...

«HUBIESE ESTADO BIEN PROBAR».

Con un poco de suerte, habrá temporadas en las que te dejen un poco más en paz y te parezca que no están, pero antes o después volverás a ver o escuchar algo que te recordará que ese sueño sigue ahí y que, si hubieras empezado a construirlo en cuanto apareció, ahora ya estarías más cerca o, por lo menos, tendrías pistas que aún no tienes.

Digamos que tienen una especie de tictac que a veces simplemente suena un poquitín más flojo, pero que jamás deja de sonar.

Sin embargo, yo he conseguido hacer uno realidad.

Pero si estoy escribiendo estas líneas no es para restregártelo.

Es para desglosarte de la forma más esquemática y sencilla posible unos pasos que, vistos desde donde estoy ahora, sé que fueron los que claramente me acercaron a ese sueño, porque estoy casi seguro de que, si tú también decides darlos, te sucederá lo mismo.

Verás tu sueño hacerse realidad.

O, por lo menos, acercarse.

Aunque en el monólogo que leerás —si es que decides seguir adelante— lo tienes resumido en dos palabras muy sencillas:

IMAGINAR Y DECIDIR.

Sé que vivimos en un momento en el que esas dos palabras te pueden sonar a promesa mágica, pero te aseguro que hacer realidad un sueño es así de simple.

Imaginar qué es lo que quieres y decidir en función de si la decisión que estás tomando te acerca o no te acerca a eso que deseas.

«Entonces, ¿por qué no se está haciendo realidad el mío, Ángel?».

Pues, a lo mejor, porque no tienes ni puta idea de lo que quieres.

Uno de los errores más grandes que cometemos es confundir un sueño con una emoción.

Me explico...
Querer ser feliz no es un sueño.
Es la consecuencia inevitable de hacerlo realidad.

Querer estar tranquilo no es un sueño.
Es el resultado de una vida en calma.

Los sueños son..., cómo decirlo..., el envoltorio de algo que todavía no puedes ver.

Lo primero que tengo claro es que, para tener más posibilidades de hacerlos realidad, tendrás que sacrificar algunas cosas que te gustan.

Por lo menos al principio.

Puede que sea pasar menos tiempo con personas a las que de verdad quieres, alejarte de lugares que te gustan, dar mil pasos atrás en tu calidad de vida, decir «no» a ciertos planes que a lo mejor ahora mismo te apetecen, renunciar a una forma de vivir para acercarte más a otra...

En definitiva...

Cerrar la puerta a un mundo que conoces relativamente bien y abrirla a otro completamente desconocido y nuevo para ti.

Con un poco de suerte, habrá cosas compatibles que podrán acompañarte simplemente ajustándolas un poco, pero prepárate a meterte en una habitación a oscuras y en la que no tienes ni idea de dónde carajo están los muebles.

El primer paso para intentar hacer realidad un sueño no es muy distinto a viajar solo a un país donde nadie habla tu idioma, con la intención de vivir una temporada allí.

Lo segundo que sé es que, durante una temporada, te sentirás completamente inexperto, solo, idiota, y te plantearás muy seriamente renunciar y volver adonde estabas.

Así que grábate esto a fuego:

NO ERES TONTO.
ERES NUEVO.

¿Te imaginas que los bebés, a la segunda vez que se caen al intentar dar cuatro pasos, renunciaran a andar para siempre?

Te apuesto lo que quieras a que, si eso fuera así, lo normal sería que la mayoría de la gente se desplazara gateando el resto de su vida.

Recuerda:

NO ERES TONTO.
ERES NUEVO.

Lo que me lleva directamente a algo que, aunque no es un paso, es muy importante tener claro.

No es imposible.

Todo, absolutamente todo lo que existe hoy en día, existe única y exclusivamente porque alguien lo pensó y, cuando lo comentó en voz alta, le dijeron:

—Eso es imposible.

Respondió:

—OK. Lo que tú digas.

Añadió por lo bajo un «Que te follen» y siguió intentándolo.

Viajas en avión no solo porque muchos se pasaron por el forro todas las veces que les habían dicho que eso era imposible, sino también porque, incluso después de ver a gente despeñándose por acantilados, siguieron pensando:

«¿Qué habré hecho mal?».

Y lo volvieron a intentar ajustando lo que pensaban que fallaba.

Así que nunca olvides esto:

NADA ES IMPOSIBLE.

El escenario más difícil es que tu sueño sea algo que todavía ni siquiera existe, pero, si somos honestos, la mayoría de los sueños se parecen mucho a cosas que ya existen o que otros han conseguido ya.

Así que, si aceptas un consejo, usa a quienes ya lo han conseguido (y su sistema) como guía.

Y el tercer paso —esto quizá te suene raro— es soñar marcha atrás.

Usaré como ejemplo uno de mis sueños cumplidos.

Demostrar que, en España, los monologuistas también podemos actuar en recintos gigantescos y emocionar a quienes vengan a compartir ese momento con nosotros, como se hace desde hace años en Estados Unidos.

Te voy a enseñar, aunque muy a grandes rasgos, este sueño marcha atrás para intentar que entiendas de una forma clara qué es lo que quiero decir.

Para actuar en el WiZink Center ante doce mil personas, necesité que me dieran una fecha.

Para conseguir la fecha, necesité que me concedieran una reunión donde pudiese explicar qué quería hacer.

Para conseguir explicar qué quería hacer, necesitaba saber qué quería hacer.

Para saber qué quería hacer, necesitaba saber que podía hacerlo.

Para saber que podía hacerlo, necesitaba haberlo hecho alguna vez.

Para haberlo hecho alguna vez, necesitaba haber actuado en recintos más o menos grandes.

Para llegar a recintos más o menos grandes, necesitaba llenar recintos más pequeños.

Para llenar recintos más pequeños, necesitaba que quien viniera a verme hablase a otros bien de mí.

Para que hablasen bien de mí, necesitaba hacerlo bien.

Para hacerlo bien, necesitaba estudiar a quienes ya lo hacían muy bien.

Para estudiar a quienes ya lo hacían muy bien, necesitaba entender que yo todavía no era tan bueno, apagar el «botón del ego» y analizar cómo podía aplicar lo que aprendiese.

Para aplicar todo eso, necesitaba escribir mucho y actuar todavía más en cualquier sitio y a cualquier precio.

Para escribir mucho y actuar en cualquier sitio y a cualquier precio, necesitaba sacrificar tiempo de otras cosas y, probablemente, vivir algo peor.

Para sacrificar tiempo de otras cosas y,

probablemente, vivir algo peor, necesitaba apostar por esa voz que me decía: «Si lo construyes, él vendrá».

Para apostar por esa voz, necesitaba creer en mí.

Y ahora lee muy despacito lo siguiente.

Lo único que necesitas para hacer realidad un sueño se resume en tres palabras:

CREE EN TI.

Tardé más de veinticinco años en hacer realidad mi sueño.

Veinticinco años.

Y aunque estuve a punto de tirar la toalla muchas muchas veces, en el último momento siempre aparecía una voz en mi cabeza susurrando...

«Ni de broma».

Recuerda:

TODO SE REDUCE A IMAGINAR Y DECIDIR.

Imaginar qué es lo que quieres y decidir basándote en si la decisión que estás tomando te acerca o no te acerca a eso que quieres.

Y no me enrollo más, porque tienes por delante todo un texto.

Solo te pido un último favor.

NO TE RINDAS. CREE EN TI.

Por cierto...

Punto para los locos nunca fue solo un monólogo.

Punto para los locos es lo mismo que este prólogo.

Una guía que, por lo menos a mí, me sirve para mantenerme cuerdo.

Y si por casualidad lees estas líneas antes del 30 de diciembre de 2024, tienes la posibilidad de venir a escuchar las palabras que estás a punto de leer, saliendo de mi propia boca, la noche en que se dirán por última vez dentro de lo que una vez fue un sueño.

Y así podrás ver en primera persona como lo que te he contado en este prólogo es verdad.

Verás cómo es el interior de un sueño que empezó a gestarse hace veinticinco años.

Será en Madrid, en un recinto llamado WiZink Center, delante de doce mil espectadores.

Yo seré el tío que estará en el escenario y tú, quien, al mirarme, sabrá que por dentro estoy pensando:

«ERA CIERTO. SI LO CONSTRUYES, ÉL VENDRÁ».

Y ahora, imagina que estás en tu butaca dentro del teatro, suena el aviso pidiendo que desconectes el móvil y no hagas fotos durante la función. Las luces se apagan, todo queda a oscuras y, como no puedo ponerte la música que suena antes de salir al escenario, te dejo con algunas cosas que ha dicho gente que ha venido a ver lo que estás a punto de leer. En cuanto las termines, empiezo.

Ojalá disfrutes leyendo tanto como yo lo disfruté escribiendo.

Madrid, julio de 2024

COSAS
QUE
HAN
DICHO

● **Almudena Cid, actriz, exgimnasta y escritora**

«Fue un privilegio estar entre esos 12.000. Fue impresionante. Te lo mereces».

● **Berta Collado, presentadora y periodista**

«Durante una hora y media, el público es Ángel y Ángel es cada una de las personas del público. La comunión es brutal. Fue tan bonito... A sus pies. A por el siguiente».

● **Carles Francino, periodista**

«Si su libro *Por si las voces vuelven* ya fue un bombazo editorial, el éxito de este espectáculo —porque es eso, un auténtico espectáculo—

confirma que cuidar la salud mental es una prioridad para millones de personas. Y que el humor también sirve para hacerlo».

- **Lucía Galán, pediatra y escritora**

«Un monólogo valiente y sincero sobre una realidad dolorosa y silenciosa. Está escrito con la maestría del buen humorista, quien termina levantando a todo el auditorio entre carcajadas y una profunda admiración».

- **Anne Igartiburu, presentadora y actriz**

«Estuvimos, estamos y estaremos porque nos haces bien a todos, ¡y porque sí! ¡Te queremos, perla!».

- **Nach, rapero, compositor y escritor**

«Un monólogo sincero, muy divertido y lleno de *punchlines*. Ángel Martín nos regaló un espejo para ver que muchas cosas que a todos nos pasan tienen un lado maravilloso».

● **Miki Nadal, cómico, presentador y locutor**
«Hoy he sido una de las 12.000 personas que ha podido disfrutar de una noche histórica. La noche en la que Ángel Martín, @angel_mg, llenó el @wizinkcenter de Madrid con gente como él, con ganas de pasar una noche inolvidable llena de humor y momentos para reflexionar. ¡¡¡Y lo ha conseguido!!! Gracias, Ángel».

● **Cristina Pedroche, presentadora y escritora**
«Solo Ángel podía hacernos llorar de risa y de emoción a 12.000 personas a la vez. Nos regaló una noche mágica, llena de sensibilidad y humor.
Una noche histórica y para el recuerdo. Eternamente agradecida, Ángel, por esto también».

● **Leonor Watling, cantante y actriz**
«Enhorabuena, @angelmartin_nc con el @WiZinkCenter lleno. ¡Gracias!».

PUNTO
PARA
LOS
LOCOS

Buenas noches.

Muchas muchas gracias por estar aquí.

Muchas gracias a los que habéis venido porque teníais ganas de venir y muchas gracias a los que habéis venido porque no teníais ganas de discutir con los que tenían ganas de venir.

Pero eso es lo bonito del ser humano.

Que a veces hacemos por otros cosas que no nos apetecen mucho.

No hace falta que sean grandes cosas.

A veces es ir a un monólogo, otras veces es...

Casarte.

Me flipan esas parejas que, cuando te dicen «¡Nos casamos!» y les preguntas por qué, añaden, mientras notas como se apagan sus ojos:

«Porque a su madre le hace mucha ilusión verla vestida de blanco».

Siempre que me dicen eso, pienso:

«¿Y no podíais haber aprovechado carnaval para hacer realidad ese deseo?».

Pero, bueno...

Sea el motivo que sea por el que estás aquí hoy, que sepas que mi intención es que os divirtáis todos.

Que salgáis de aquí diciendo:

«Pues al final me ha entretenido el Dani Martín este».

Nadie sabe mi nombre, joder.

Nadie.

Casi todo el mundo cree que me llamo Dani.

Es agotador.

Sobre todo porque trabajo con la presión de sentir que gran parte de la carrera de Dani Martín depende de cómo lo haga yo.

Pero, bueno, mi intención es estar a la altura de vuestro entusiasmo, aunque los que me conocéis desde *Sé lo que hicisteis...* sabéis que si algo no me sobra es altura.

«Ja, ja, ja», ¿qué?
Esto es un trauma.

Llevo más de quince años aguantando bromas sobre lo bajito que soy.
Quince putos años aguantando bromas de lo bajito que soy.
Se habla mucho de la gordofobia, pero de la bajitofobia..., nadie está abriendo el cajón.

Quince putos años.

Y lo más duro es que mucha gente, cuando me tiene delante, para quitarle hierro al tema, me dice:

«Ah, pero no eres tan bajito».

Como si fuera un piropo.

Pero no es un piropo.

El piropo sería:

«No eres bajito».

Pero con «No eres tan bajito», el subtexto real de la frase es:

«A ver..., bajito eres».

Decirme «No eres tan bajito» para animarme es como si, al tenerme desnudo delante porque vamos a follar, me sueltas:

«Ah..., pues no es tan pequeñita. Nos va a costar pasarlo bien, pero no es tan pequeñita».

Pero, bueno, que voy a intentar estar a la altura de vuestro entusiasmo a pesar de medir lo mismo que una planta de interior.

Sobre todo, porque me conozco. Y si no consigo que os divirtáis, volveré a mi casa jodido, con la sensación de que las bromas no han funcionado todo lo bien que yo esperaba, y, nada más llegar, tiraré la ropa en un rincón y me meteré directamente en la piscina climatizada, triste, a comerme la hamburguesa que he tenido que parar a comprarme en el DiverXO de Dabiz Muñoz.

Es broma.

Volveré jodido a casa, eso no es broma.

Pero, obviamente, yo no tengo que parar en el DiverXO de Dabiz Muñoz a comprarme una hamburguesa porque soy amigo de Cristina Pedroche.

Tengo su teléfono.

Puedo conseguir que me traigan la hamburguesa directamente a la piscina climatizada, joder.

Soy famoso.

No soy como vosotros, soy famoso.

Me di cuenta hace muy poco de que era famoso.

Me di cuenta hace unos meses, porque fui a cortarme el pelo a una peluquería y mientras esperaba...

Los que tenemos poco pelo también nos lo cortamos, ¿vale?

Lo aclaro por si alguien se ha quedado inquieto, en plan:

«¿Peluquería, tú, *pa* qué?».

De hecho, aprovecho para mandar un mensaje a quien esté perdiendo pelo.

Si estás perdiendo pelo, no te desentiendas del tema.

Tienes que seguir poniendo orden, porque el único problema es que no es muy abundante, pero sigue creciendo.

Entonces, si te desentiendes del tema,

como no es muy abundante y va creciendo, corres el riesgo de acabar pareciendo una patata de esas con césped que regalas a los críos para que vean cómo funciona la naturaleza.

Tienes que seguir poniendo orden.

Pero a lo que voy es a que, mientras esperaba mi turno, cogí una revista para hacer tiempo y al llegar a los crucigramas vi mi cara en una foto.

Y, cuando vi mi cara en el crucigrama, supe que era famoso.

También es verdad que cuando vi que habían contestado bien a todas las preguntas excepto a la de «¿Nombre del tío que aparece en la foto?», supe que no era tan famoso.

Fue demoledor, joder.

Fue como si la persona que te gusta te mandase un mensaje diciendo: «¿Follamos o qué?», pero enseguida enviara otro diciendo: «Perdona, no era para ti».

Pero la buena noticia, o sea, la conclusión positiva que podemos sacar de todo esto, es que si una persona bajita, medio calva y de la que nadie se sabe bien el nombre ha conseguido ganarse la vida dedicándose a lo que le gusta, cualquiera puede hacerlo.

Así que brindo por la gente del montón.
Por nosotros.
Podemos conseguir lo que nos propongamos.

Perdonad que brinde con agua.
Sé que es la *bajona* proponer un brindis y tirar de agua, pero me he retirado del alcohol y las drogas.
Ahora soy un cómico sano.
Por si alguien no lo sabe, sufrí un brote psicótico, me ingresaron en un manicomio, pasé

allí dos semanas, salí, estuve un buen tiempo en la mierda, remonté, he escrito un par de libros explicando cómo lo hice para remontar y cómo lo hago para que no se vuelva a ir todo al carajo, y ahora prefiero no drogarme ni beber, porque no quiero arriesgarme a que me ingresen otra vez en un psiquiátrico. Porque, si me ingresan otra vez, la gente irá corriendo a devolver los libros en plan:

«No funcionan».

Sería como si Risto Mejide hubiese escrito un libro titulado *Cómo mantener vivo el amor* y lo hubieseis comprado.

Ahora mismo estaríais diciendo: «Pues tiré el dinero».

Lo bueno de ir con agua es que eres superconsciente de todo lo que te pasa.

Puedo sentir al mil por mil todas las emociones.

No te pierdes absolutamente nada, lo sientes todo.

Salgo aquí, veo el teatro lleno, noto el cariño.

Es superemocionante.

Es precioso.

Bueno...

Solo hay una cosa que me ha dado un poco de pena, lo tengo que reconocer.

Cuando he salido y he visto el teatro lleno ha sido muy bonito, pero hay una cosa que me da un poco de pena.

Me da un poco de pena no tener ahora mismo ningún familiar muy muy querido...

... muerto, para poder dedicarle la actuación.

Entiendo el murmullo.

Pero me explico.

Es que me gusta mucho ese momento en que la persona que está actuando se emociona, mira al cielo y dice:

«Abuela, sé que me estás viendo y quiero que sepas que todo esto es por ti».

Y me gusta por dos motivos.

Primero, porque me imagino a la abuela diciendo:

«No estaba mirando, la verdad».

Y segundo, porque yo creo que no son conscientes de que al decir «abuela» en singular, seguramente generan un mal rollo de puta madre en el más allá.

Porque tú no tienes una abuela, tienes dos.

Así que es muy probable que al decir «abuela», en singular, lo que consigan es tener a sus dos abuelas muertas de muy mal rollo entre ellas diciendo:

«¿Pero a quién le está dedicando esta mierda? ¿A ti o a mí? Porque no ha concretado».

Porque no puedes concretar a qué abuela te refieres.

No puedes hacer eso.

Eso sería feísimo.

Imagínate que después de hacer la dedicatoria, vuelven a mirar arriba y dicen:

«Y me refiero a mi abuela Gloria, no a la Dolores. A la Gloria. A la Dolores que la follen».

Eso no se puede hacer.

Eso es feísimo.

¿Te imaginas que los muertos tienen problemas de salud mental por culpa nuestra?

Que de repente se descubre que lo de estar mal de la cabeza nunca acaba.

Que, al morir, llegas a un sitio con un montón de muertos en la cola del psicólogo, pero con problemas que les hemos generado nosotros desde aquí.

Con problemas del tipo:

«Es que no entiendo nada. Toda la vida diciendo que mis croquetas eran las mejores, pero la actuación se la dedica a su otra abuela. ¿Qué sentido tiene esto?».

Y el psicólogo:

«Bueno, Dolores...».

«No. "Bueno, Dolores", mi coño. ¿Qué sentido tiene esto?».

Me gusta mucho cuando nos desesperamos hasta el punto de exigirle a otra persona que nos dé una explicación del problema que tenemos.

¿Nunca os ha pasado eso?

Que tú estás tranquilo y llega alguien exigiéndote que le resuelvas lo que le está pasando.

Tú estás tranquilo.

A tu bola.

Pero de repente llega alguien histérico diciendo:

«¡¿Pero Menganito por qué se porta así de mal conmigo?!».

Y tú, como no tienes ni puta idea de quién es Menganito, pues haces lo único que puede hacerse en ese momento: mentir y decir que Menganito se porta así de mal porque Menganito es un gilipollas envidioso que no asume que tú eres muchísimo mejor y más fuerte y más inteligente y mejor persona y más todo.

Pero a lo mejor no es verdad.

A lo mejor, Menganito es un encanto y el problema es que tú eres un puto desastre que no está haciendo bien las cosas.

Pero, claro, yo eso no te lo voy a decir cuando tú estás en tensión.

Tú, cuando la gente está en tensión, tienes que decirle cosas que la tranquilicen.

No lo contrario.

Hacer lo contrario sería como si, en plena

operación a corazón abierto, ves que el cirujano se está empezando a poner nervioso y te acercas a decirle:

«A ti, haciendo esto mismo, la semana pasada se te murió uno, ¿no?».

¡No, joder!

Eso no se puede hacer.

A veces hay que mentir para tranquilizar, y punto.

Excepto si eres psicólogo.

Los psicólogos no pueden mentir.

Por eso, los psicólogos, como no pueden mentir, utilizan una técnica que yo llamo «paso de mojarme»...

... que consiste en devolver rápidamente la pelota a tu tejado.

Tú llegas a la consulta y dices:

«¿Pero a mí por qué me da tanto miedo salir a la calle?».

Y ellos responden:

«¿Tú por qué crees que es?».

Y a tomar por culo.

Te quedas supertostado en la consulta, pensando:

«Creo que estoy en el mismo punto que estaba cuando he entrado, pero con ochenta pavos menos, la verdad. Creo que me han hecho el truco de los cuatro billetes de veinte que desaparecen rápido».

A ver...

Pausa por si hay algún psicólogo en el teatro.

Quiero aclarar algo, por si acaso.

No quiero malos rollos nada más empezar.

Los que hayáis leído *Por si las voces vuelven* sabréis que mi experiencia con los psicólogos fue mala.

Pero me gustaría añadir algo que estoy descubriendo este año. Y es que, aunque obviamente hay psicólogos muy buenos, lo que no hay son psicólogos muy listos.

Psicólogos listos no hay.

Porque cualquier psicólogo un poquitín listo, al saber que yo actuaría esta noche aquí, se hubiese puesto en la entrada del teatro a repartir *flyers* con la dirección de su consulta y un descuento, porque otra cosa no, pero, ahora mismo, aquí dentro, gente necesitada de un psicólogo de forma urgente hay.

Esto lo sabemos, ¿no?

Podemos abrir este arcón ya, ¿verdad?

De hecho, el monólogo se llama *Punto para los locos,* pero se podría haber llamado *Los pastillitas.*

Si lo bonito de esta noche es saber que, si en cualquier momento, cualquiera de vosotros necesita una pastilla del tipo que sea, simplemente con levantar la mano y decir «¡Trankimazin!», se escucharán mil voces diciendo: «¡¿Que si quiero o que si tengo?!».

Eso es lo bonito, joder.

Por eso, mi consejo es que no os vayáis de aquí sin intercambiar teléfonos.

Intercambiáis teléfonos porque sois todos más o menos de la misma zona, montáis un grupo de WhatsApp entre todos los que estáis aquí esta noche, le ponéis un nombre que sea fácil de reconocer...

Lo llamáis, no lo sé... «Loquitos + nombre de la ciudad donde estamos» y, así, si una noche no podéis dormir porque estáis con ansiedad o lo que sea, entráis en ese grupo de WhatsApp, que seguro que habrá ambiente.

Habrá gente como vosotros, pero seguro.

Será como un Tinder, pero de locos.

¡Ojo!

Tinder de locos.

Hostia, Tinder de locos.
Me flipa la idea.
Tinder de locos.

Funcionará como Tinder.
Exactamente igual, ¿vale?
Solo que, aparte de incluir foto, zona, sexo y edad, tienes que incluir la medicación que estás tomando, si has estado ingresado alguna vez y los motivos, y luego hay un recuadro para que rellenes con las mierdas que te hace a ti el cerebro.
Es un recuadro más personal.

Ese lo rellenas con tus mierdas.
Tú entras ahí y pones:
«Mierdas que me hace mi cerebro... Pensamientos intrusivos. Yo a lo mejor estoy comiendo contigo, tú te das la vuelta y pienso: "¿A que le echo amoniaco y lo mato?"».

Es como un Tinder donde todas las cartas están sobre la mesa.

Si hay algún programador en la sala, le regalo la idea.

Pero bueno...

Por zanjar temas, que no me gusta dejar temas abiertos.

Tema de dedicar actuaciones a muertos.

Mi consejo, por si alguna vez os veis en la tesitura de tener que dedicar una actuación a un ser querido que no está..., es que, para evitar malos rollos en el más allá, la dedicatoria la hagáis en plural.

Miráis arriba y decís:

«Dedico esto a mis muertos».

Ya está.

Y el muerto que quiera entender, que entienda.

Por si acaso es verdad eso que dicen de que tus seres queridos al morir se quedan a tu lado protegiéndote y viendo todo lo que haces.

Que es una idea preciosa...

... hasta que la piensas mientras te masturbas.

Ahí, la idea se cae.

Ahí, la idea se tambalea. No nos engañemos.

De repente, tener a tus abuelos muertos viendo cómo te la cascas se convierte en una mierda supersórdida.

¿Te imaginas que al morir llegas a un sitio donde nadie te habla porque le has obligado a ver cosas que no necesitaba ver?

O sea, que tú llegas entusiasmado allí, en plan:

«¡Papá!».

Y tu papá:

«¡Vete a la mierda!».

No mola nada.

Por eso, a mí, la idea de que mis seres queridos al morir se queden a mi lado viendo todo lo que hago no me termina de convencer.

Ya me convence poco que se queden a mi lado estando vivos...

Sobre todo porque si te quedas a mi lado al morir viendo todo lo que hago, cuando yo muera, si es que muero, no tendremos nada de qué hablar, porque lo habrás visto todo.

Por no hablar de que, si morir realmente consiste en quedarte viendo lo que hacen tus vivos, el más allá es aburrido de cojones.

Que a lo mejor es eso.

A lo mejor, morir simplemente es quedarte viendo lo que hacen tus vivos.

Ya está.

A lo mejor, los vivos simplemente somos el Netflix de los muertos.

Puede ser.

A lo mejor, el más allá simplemente es gente sentada en un sofá delante de una tele, con un mando a distancia...

«Tu nieto va a desayunar, ¿lo vemos o qué?».

«Bueno, pues ponlo. Pero si se saca el rabo, cambia de canal. No me lo dejes ahí sintonizado».

Digo «cambia de canal» porque yo me lo imagino en una tele que va con mando.

Se entiende, ¿verdad?

Y, entonces, cambias de canal, porque cada canal tiene sintonizado un familiar.

En el canal 1 están tus primos; en el canal 2, tus cuñados; en el canal 3 están tus hijos.

Ahora mismo, los del TOC se han quedado supertostados pensando:

«Pero los hijos deberían ir en el canal 1 y no en el 3, ¿no?».

Lo sé.

Te has quedado ahí.

Lo he ordenado así a propósito.

¿Te das cuenta de lo fácil que es despistarte con chorradas?

Estamos bromeando, joder.

¿De verdad si de repente descubres que al morir lo que tienes que hacer es ver a tus familiares en una puta tele, y están sintonizados en canales, y descubres que tus hijos están en el canal 3, tu primera conversación después de muerto sería...?

«Pero, disculpa, ¿mis hijos por qué están en el canal 3 y no en el 1?».

Estamos bromeando, joder.

Estoy bromeando con la idea de que tus seres queridos al morir se queden viendo todo lo que haces, para que veas que esa idea, desde ese punto de vista, es aburrida.

Lo que estoy intentando es que veas que todas las ideas tienen varios puntos de vista. Todas.

La idea de que tus seres queridos al morir se queden a tu lado protegiéndote y viendo todo lo que haces, si la piensas desde el punto de vista de los vivos, puede sonar maravillosa, pero si la piensas desde el punto de vista de los muertos, es aburrida de cojones.

Pero me sirve para que entiendas que todas las ideas tienen varios puntos de vista.
Todas.
Por ejemplo...

Si eres la clase de persona que, cuando se libra de algo chungo por los pelos, dice:

«Me ha salvado mi abuela. Yo lo sé. Esto ha sido mi abuela, que está siempre a mi lado protegiéndome».

Si eres de esos, cuando te pase algo chungo, tienes que pegarle la bronca.

Tienes que decirle:

«¡¿Dónde coño estabas, zorra?! ¿Dónde estabas? Porque un autobús acaba de arrancarme media puta cara con el retrovisor y no he notado tus manos tirándome para atrás. ¡A tomar por culo! Retiro todas las actuaciones que te dediqué. A partir de ahora, se las voy a dedicar a mi otra abuela. Traedme a mi otra abuela. ¿Dónde está?».

«Está viva».

«¡Pues matadla! La necesito arriba para dedicarle actuaciones».

A ver...

«Ja, ja, ja, ja». Pero, si es verdad que tus seres queridos, al morir, se quedan a tu lado protegiéndote, tú, cuantos más seres queridos tengas muertos, mejor.

Más protección.

Yo, por eso, cuando un ser querido muere me da pena, pero por otro lado pienso:

«¡Bien! Escudo protector actualizado».

Es broma.

Bueno, es broma y no.

A lo que voy es a que todas las ideas tienen varios puntos de vista.

Todas.

Y eso es algo que puedes usar a tu favor en tu día a día.

Por ejemplo, si eres la clase de persona que piensa que nunca tiene fuerzas para nada, pero ahora mismo estás aquí, eso significa que algo de fuerza en algún sitio sí que tienes. Ahora solo necesitas encontrar el botón que activa esa fuerza.

Eso es lo complicado. Encontrar el botón.

Pero al menos ya sabemos que en algún sitio hay un botón.

Así que, a partir de ahora, lo único que tienes que hacer cada vez que aparezca una emoción que te genere buena vibra es localizar el botón que ha activado esa emoción, lo dejas a la vista y lo utilizas con frecuencia.

Y, sobre todo, cada vez que encuentres uno de esos botones, recuerda que, aparte de dejarlo a la vista, tienes que mandarme a mí un mensaje por redes y decirme:

«Ángel, encontré un botón. Saca la libreta y apunta otro punto para los locos».

Pero, bueno, por zanjar el tema muertos.

Como no tengo seres queridos muertos a los

que me apetezca dedicar esta actuación, os la dedico a vosotros, que estáis vivos y sois los que habéis decidido venir esta noche a pasar un rato aquí, a pesar de tener miles de opciones.

Y eso es algo fascinante, porque además es una actuación muy especial para mí por muchos motivos.

Gracias a lo que suceda aquí esta noche, yo podré seguir trabajando en las palabras definitivas que quiero utilizar en este texto por última vez en una función frente a doce mil personas en un recinto llamado WiZink el 30 de diciembre de 2024.

Gracias a vuestras reacciones, algunas palabras se quedarán, otras desaparecerán, algunas cambiarán de lugar...

Y eso sucederá gracias a vuestras reacciones.

Así que, para mí, esta noche, vosotros no sois simplemente público.

Y es importante que lo tengáis claro, porque sé que mucha gente, cuando sale al escenario y habla de vosotros, se refiere al público y ya está.

Pero para mí no sois simplemente público y ya está.

No es tan simple.

Para mí, vosotros sois...

¿Sabéis esos monos que tienen en laboratorios y los utilizan para experimentar?

Para mí, sois monos de laboratorio.

Vaya por delante que lo digo con cariño.

Me flipan los monos.

Que nadie se ofenda.

O sea...

Si alguien está ahora mismo en plan:

«¿Me ha llamado mono?».

Sí. Pero con respeto.

Me flipan los monos.

Creo que los monos son los animales que mejor se lo han montado del planeta Tierra, pero a años luz de cualquier otro animal.

Me di cuenta hace unos meses, cuando me enseñaron un vídeo donde sale un mono sentado en un simulador de vuelo pilotando de puta madre un avión, porque le han enseñado a base de darle una galletita cada vez que lo hace bien.

Entonces, el mono, cada vez que lo hace bien, sabe que lo ha hecho bien y hace el gesto ese que hacen los monos cuando saben que lo han hecho bien y merecen una galletita.

El gestico ese de «Dame mi galleta, hijo de puta».

Pues me enseñan el vídeo del mono sentado en el simulador de vuelo pilotando de forma impecable el avión y me dicen:

«Mira, tío. ¿No te parece flipante que un mono haya aprendido a pilotar un avión?».

Y yo vi el vídeo y pensé:

«Hostia..., no. Lo que me parece flipante es que un mono pueda aprender a pilotar un avión a base de galletas y yo tenga que invertir ciento ochenta mil euros y dos años de mi vida si quiero aprender a pilotar. Enséñame con el mismo sistema que enseñas al mono, no te jode».

Quiero decir...

Si lo de dar galletas funciona con un mono, también funcionará conmigo. No me jodas.

Yo pago las galletas, no me importa. ¿Cuántos paquetes hacen falta? Pero te aseguro que, si cada vez que lo hago mal me das un coscorrón, y cuando lo hago bien una galleta, voy a aprender muchísimo más rápido que si tengo que pedir un crédito y buscarme dos trabajos, porque voy a llegar agotado y con ansiedad a la puta clase.

Enséñame como enseñas a los monos.

Por no hablar de que, si ya me cuesta entender para qué cojones enseñas a un mono a pilotar un avión, lo que no entiendo nada de nada es que una vez que ese mono sabe pilotar... no lo pongas a pilotar.

Eso sí que no lo entiendo.

Vete a Iberia y diles:

«Este mono sabe pilotar. ¿Lo quieres? Solo necesita a alguien que le dé una galleta cada vez que aterriza bien. Fin de la historia».

Si yo tuviera una compañía aérea, solo contrataría monos.

Lo tengo clarísimo.

Solo monos.

La prueba definitiva de que al ser humano

solo le interesan los demás seres humanos en función de la cantidad de dinero que pueden sacarles la tenemos en que a los monos les enseñamos a hacer las cosas gratis o a cambio de galletas y entre nosotros nos sacamos la puta sangre.

Ojalá eso cambie.

Ojalá las generaciones que vienen detrás se den cuenta y empiecen a intercambiar información a base de galletas.

Ojalá llegue un día en que haya toda una generación de pilotos y copilotos que aprendieron a pilotar a base de galletas e internet se llene de vídeos del interior de aviones en los que, nada más aterrizar, se abre la puerta de la cabina del piloto y salen dos pavos haciendo el gesto ese que hacen los monos cuando saben que lo han hecho bien.

El de «Dame mi galleta».

Pero, bueno, que sois mis monos.

Es lo que quería decir.

No nos desviemos del tema.

Solo que no tenéis que hacer nada.

Simplemente tenéis que estar ahí sentados escuchando un monólogo y ya está.

Que es lo que sabíais que iba a pasar desde el minuto uno.

Ha tenido que ser superguay lo de sentaros sabiendo que vais a ver un monólogo desde el minuto uno, ¿no?

¿Recordabais la sensación de sentaros a ver algo sin necesidad de perder cuarenta y cinco minutos eligiendo qué es lo que vais a ver al final?

Lo pregunto porque creo que la conversación nocturna más habitual en una casa estos últimos años es la de...

—¿Vemos algo mientras cenamos?

—Claro. ¿El qué?

—No sé, ¿qué hay? ¿Eso nuevo de ahí qué es?

—¿Esto?

—Sí, ¿eso qué es? ¿Es una peli? ¿Es una serie?

—No sé. ¿Le doy al tráiler?

—Dale al tráiler.

—No me convence. ¿Lo que había debajo qué era?

—¿Esto?

—Sí.

—¿Le doy?

—Dale.

—¡Oye! ¿Cómo se llamaba la serie aquella que nos dijo tu primo?

—¿Cuál?

—La de la familia que tiene una empresa.

—¿Pero era de HBO eso, no? ¿O de Netflix? ¿O de qué era eso?

—¿De Amazon?

—Bueno, lo miro en el grupo de WhatsApp, que creo que me lo dijo por ahí. Y si no, le llamo y que nos diga él cuál es.

—Vale.

—O, si no, podemos ver la que dijo Maribel.

—¿Cuál?

—La de la montaña que tenía...

—Pero esa era de Movistar, creo.

—Ah, puede ser. ¿Esto nos convence?

—No, dale a lo de abajo.

—¿A esto?

—Sí.

—Vale.

—Bueno, en realidad yo he terminado de cenar. Me voy a la cama. Buenas noches. Mañana, si eso, vemos algo.

Ahora mismo tenemos tantas opciones para ver que ver algo se ha convertido en no ver nada.

Tardamos más en elegir peli que pareja.

Si le dedicáramos el mismo tiempo que destinamos a elegir qué peli ver a decidir con quién queremos compartir nuestros ratos, la vida nos iría muchísimo mejor.

Porque seríamos más selectivos.

Porque las conversaciones serían:

—Oye, ¿cenamos con Carlos?

—¿Qué Carlos?

—El que trabaja conmigo.

—¡Uf! Es que yo quiero cenar algo con queso y él odia el olor a queso.

—Es verdad que no le gusta el queso.

—Y además es muy pesado. Acuérdate que siempre está contando la anécdota de cuando fue a la India.

—Joder, es verdad. Para un viaje que ha hecho es bastante chapas, sí.

—Y a la hora de pagar, siempre está con el rollo de «yo he comido menos, no debería pagar las aceitunas».

—Es verdad.

—Podemos llamar a Maribel.

—Maribel es guay. Llama a Maribel.

—¡Ay, no!

—¿?

—Ha discutido con su madre esta mañana.

—O sea, que estará en modo chapa «nadie me entiende», ¿no?

—Sí. Va a estar en plan «nadie me entiende».

—¡Uf!, no tengo el cuerpo yo para aguantar chapas esta noche.

—Yo tampoco.

—Casi mejor cenamos tú y yo solos aquí en casa.

—Mejor.

—¿Y vemos algo mientras cenamos?

—Claro. ¿El qué?

—No sé, ¿qué hay? ¿Eso nuevo de ahí qué es?

—¿Esto?

—Sí, ¿eso qué es? ¿Es una peli? ¿Es una serie?

—No sé. ¿Le doy al tráiler?

—Dale al tráiler.

—No me convence. ¿Lo que había debajo qué era?

Os lo advierto, ahora mismo estamos viviendo en el círculo de la muerte.

Nos encanta complicarnos la vida con chorradas.

Y mucha gente cree que lo de complicarnos la vida es por culpa de internet.

Por culpa de la tecnología, de internet...

Qué va, qué va.

Complicarnos la vida empezó mucho antes de internet.

Complicarnos la vida empezó el día que uno le dijo a otro:

—Me encanta el abrigo verde ese que llevas.

Y el otro contestó:

—No es verde. Es verde pistacho.

Ahí se fue todo a la mierda.

Si lo hubiésemos dejado en verde, verde fuerte y verde claro, ahora estaríamos todos bien y el mundo sería un lugar tranquilo.

Pero no.

Algún miserable decidió que al verde también se le podía llamar pistacho, pera, manzana, cocodrilo, periquito... Y a la mierda todo.

A tomar por culo todo.

—¿Pintamos el dormitorio?
—Claro. ¿De qué color?
—De azul.
—Vale, ¿pero qué azul?

Pues a tomar por culo todo. Hasta aquí la vida.

Nos encanta complicarnos la vida con chorradas.

Nos encanta.

Y creo que sé por qué es.

Le he estado dando muchas vueltas.

Creo que sé por qué nos encanta complicarnos la vida con chorradas.

Creo que es porque mientras estemos preocupados por tonterías del tipo «¿pero el papel higiénico debería colgarse con la cara que arrancas mirando para ti o para la pared?», mientras estemos preocupados por tonterías de ese tipo, no tenemos que enfrentarnos a preguntas verdaderamente serias, del tipo:

«Pero yo... ¿de verdad quiero pasar toda mi vida al lado de este, en este sitio?».

Uuuuuh.

Ahora mismo, todos los que han venido en pareja están pensando:

«Pues... pues yo tengo muy claro que... que quiero pasar toda mi vida... al lado de este, en este sitio..., pero paso de mirarle, por si acaso veo en sus ojos claramente un "pues yo no"».

Qué puto miedo da la verdad, ¿eh?
Qué miedo da la verdad.

Creo que uno de los problemas que tenemos hoy en día es el miedo a la verdad.

Le tenemos tanto miedo a la verdad que

evitamos preguntar y preguntarnos ciertas cosas, por si no somos capaces de procesar bien la respuesta.

Por eso creo que es imprescindible que empecemos a hablarnos siempre de verdad.

Tenemos que ser la generación que empieza a desbloquear lo de hablar siempre de verdad.

Para que las generaciones que vengan detrás no tengan ese problema.

Para que ellos ya sepan hablar siempre de verdad.

Tenemos que ser nosotros la generación que desbloqueó lo de hablar siempre de verdad. Vosotros. Esta misma noche. En cuanto lleguéis a casa, tenéis que empezar a hablaros de verdad.

¿Va a ser fácil?

Bueno...

Se va a estirar la noche.
Dejémoslo en eso.

Pero tenéis que empezar esta misma noche. En cuanto lleguéis a casa. Al meteros en la cama:

—Oye, ¿tú me quieres?

—Se me ha ido pasando, la verdad.

Uuuuuh.
Nadie quiere abrir ese melón justo antes de acostarse.

Y conste que uno se propone decir siempre la verdad.
Siempre.
Sobre todo en las relaciones.
Porque, gracias a las anteriores relaciones que ha tenido, sabe que mentir es lo más estúpido que puede hacerse.

Así que se propone, en la relación que está

empezando, decir siempre la verdad. Pase lo que pase.

Caiga quien caiga.

Honestidad con uno mismo.

Siempre la verdad.

Hasta que, una noche, la persona a la que estás conociendo te dice:

«Pues yo soy más de abrazos que de follar, ¿tú?».

Y tú dices:

«Pues... yo también, claro».

Porque sabes que, si dices la verdad, todo empezará a cambiar.

Por eso es imprescindible empezar a hablarse siempre de verdad.

¡Ojo!

¡Importantísimo!

No hay que confundir decir siempre la verdad con ser un gilipollas maleducado.

Sabéis de lo que hablo, ¿no?

Esa gente que va por ahí diciendo:

[Con tono engreído] «Yo es que digo siempre la verdad».

No. Tú eres gilipollas y nadie te lo está diciendo. Ya te lo digo yo, no te preocupes.

Sabéis el tipo de persona que digo, ¿verdad?

Seguro que os ha venido alguien a la cabeza y ojalá no sea la persona que os acompaña.

A esa gente, ni agua.

Fin de la tregua con esa gente.

Se acabó.

Ni un puto segundo de respiro más a esos.

A partir de ahora, cuando tú te acerques a alguien y le digas: «Me he cortado el pelo», y te responda un «pues te quedaba mejor antes», suéltale una hostia rápida en la boca con la parte trasera de la mano.

Sin pensar.

Suéltale una hostia rápida en la boca mientras dices:

«¡Ahí va! Perdona. Es que me acaban de detectar una enfermedad de esas raras que hace que mi mano se comporte como la boca del que tengo delante. Si me hablas bien, no pasa nada, pero si me hablas mal, hostia en la boca».

Lo he estado pensando y creo que, si pudiéramos sincronizar nuestra mano, por *bluetooth,* con la boca del que tenemos delante, si pudiéramos hacer eso, la gente mediría muy bien lo que te dice.

Porque hablarían contigo mirándote la mano.

Estarían hablando contigo mirando lo que va a pasar.

En cuanto dijeran...

[En plan chulito] «Pues cuando te he visto he pensado...».

Entonces verían la mano levantarse y añadirían:

[En plan cobarde] «No he pensado nada, la verdad. De hecho, se me han quitado las ganas de pensar en cuanto te he visto».

Si pudiéramos hacer eso, la gente mediría muy bien lo que te dice.

El cuándo y el cómo.

Porque no solo las palabras que dices son importantes. El cuándo y el cómo también son superimportantes.

Hay gente que no lo sabe.

A mí me han llegado a preguntar, de forma educadísima, pero en el entierro de un amigo, si no me importaría hacerme una foto.

En el entierro de un amigo.

Y os juro que de lo único que me arrepiento es de no haber contestado:

«Claro. ¿Pero la quieres con muerto o sin

muerto de fondo? ¿Cómo crees que quedará mejor en Instagram?».

Y vaya por delante que creo que ni se planteó lo que estaba preguntando.

Creo que simplemente hay gente que se ha desconectado de la vida real.

Sospecho que hay gente que ya está viviendo su vida virtual.

No se plantea la coherencia o incoherencia de las cosas.

Simplemente, está pensando en cómo quedará el momento que está sucediendo ahora mismo en su vida virtual.

Se ha desconectado por completo de la realidad y simplemente actúa por impulsos de la vida virtual.

De hecho...

Necesito saber si estoy solo en esta sensación de incoherencia.

¿Soy el único que, cuando alguien sube a sus redes una foto del tipo «mi abuelo murió ayer», se siente muy muy raro dándole a «me gusta»?

Yo no puedo dar «me gusta» a la puta foto.

Lo siento.

No puedo.

«Mi abuelo murió ayer». «Me gusta».

No puedo.

Me resulta extraño.

Me siento como si estuviera diciendo:

«¡Guay! A ver si muere pronto tu abuela, que me divierte a mí esta mierda de ver caer familiares tuyos».

Sabéis del tipo de publicación de la que hablo, ¿no?

Hay muchas formas de informar de la pérdida de alguien.

Ahora se ha puesto muy de moda una que me está volando la cabeza.

Se ha puesto muy de moda publicar una foto de la mano del que está haciendo la publicación sujetando la manica del que ya no está.

Sabéis lo que digo, ¿no?

Mano del vivo sujetando manita del muerto.

Que, ojo, no entiendo la foto, pero daría parte de mi dinero por poder ver por un agujerito ese momento en el que está sujetando la manica del que se está yendo, con la otra mano saca móvil y echa foto.

Y hay gente que, cuando digo esto, me dice:

«Pero es que eso no es así, Ángel. Porque la foto se hace mientras la otra persona está dormida».

Y yo pienso:

«Hostia..., peor me lo pones, joder».

Imagina abrir los ojos y pillar al otro guardando el móvil rápido.

Y conste que hablo de esto porque tengo muchos amigos que lo han hecho.

Tengo muchos amigos que han subido ese tipo de publicación y, aunque no les doy a «me gusta», los llamo para ver cómo están.

Son mis amigos. Han perdido a alguien. Me importan. Quiero saber cómo están.

Y entonces los llamo y me fascina, porque siempre tengo con ellos la misma conversación. Los llamo y les digo:

—¡Hey! He visto que habéis perdido a alguien. ¿Cómo estáis? ¿Qué tal todo?

Y siempre me dicen:

—Bien, bien. Lo bueno es que se fue tranquilo, porque no le dijimos lo que estaba pasando y no se enteró de nada. Así que se ha ido muy tranquilo, porque en ningún momento sospechó lo que pasaba.

Y pienso:

«Hombre... No le dijisteis lo que estaba pasando, pero tonto no era. Digo yo que cuando te vio sacar el móvil y echar foto a la manica, se puso a atar cabos de cómo iban a ir las siguientes setenta y dos horas, ¿no? Tampoco hay que ser muy *espabilao pa* darse cuenta».

Yo lo que sí hago es que, cada vez que un amigo mío tiene que pasar la noche ingresado en un hospital por alguna chorrada, voy a verle, me aseguro de que me vea hablar con el médico y, cuando estoy seguro de que me ha visto hablar con el médico, entro en su habitación, me siento en la cama, le cojo la mano y echo foto.

Eso sí lo hago.

Porque sé que se queda jodido toda la puta noche.

Eso sí lo hago. No lo puedo evitar.

Pero os digo una cosa...

Que en el último minuto de la vida de alguien estemos más pendientes de qué foto subiremos o qué texto colgaremos, en lugar de mirarnos a los ojos y decirnos los «te quiero» que nos faltan, te da una pista de lo jodidamente despistados que estamos ahora mismo, amigos.

Estamos jodidamente despistados.

Muy despistados.

Y el problema no son las redes sociales.

Las redes sociales no son un ente que funciona solo.

Las redes sociales...

No te levantas por la mañana y dices:

«¡Mi puto Instagram! Ha subido diez fotos con texto mientras yo dormía, el muy cabrón».

No.

Las redes sociales somos nosotros.

Así que el problema no son las redes sociales.

El problema es cómo gestionamos las redes sociales.

Y hay gente tan obsesionada por la aprobación de los demás que no se plantea la coherencia o la incoherencia de las cosas.

Simplemente, va publicando cosas y mirando si eso que ha publicado tiene muchos corazones, muchos comentarios, muchos «compartidos»...

Y va publicando una cosa detrás de otra sin plantearse la coherencia.

Puedes entrar en el perfil de Instagram de alguien y encontrarte una publicación del tipo «mi abuelo acaba de morir», y a la media hora otra en plan «flipando con los nachos de este sitio», y a la media hora otra de «tenéis que probar este exfoliante olor a mango».

Imagínate ser el cerebro de esa persona.

Estás en modo «¡¿Pero cómo coño estamos?! ¿Estamos tristes porque ha muerto el yayo? ¿Queremos ir a México a por nachos...? ¡¿Cómo estamos?!».

Yo creo que si ahora mismo volvieran a hacer una versión de la serie de dibujos animados aquella de *Érase una vez... el cuerpo humano,* a mitad del primer capítulo, el viejo de barba y bata blanca sacaría un revólver y se volaría la cabeza al grito de...

«¡Que os follen a todos!».

Es imprescindible recuperar coherencia emocional.

Tienes que dejar que tu cerebro procese la emoción que estás sintiendo.

Porque si vas tapando una emoción con otra, vuelves a tu cerebro jodidamente loco.

Tienes que dejar que procese la emoción que está sintiendo.

Por eso, cuando a mí me preguntan: «Ángel, ¿cómo es sufrir un brote psicótico?», digo:

«Como pasar media horita viendo vídeos en TikTok. Ahora me río, ahora me indigno, ahora estoy triste, ahora me aburro, ahora siento nostalgia...».

Yo, cada vez que veo a alguien que lleva media horita tostado viendo vídeos en TikTok, me acerco y le digo:

«¿Qué? ¿Forzando un brote? A ver si acabas dos semanas ingresado, ¿eh, cabronazo?».

Es imprescindible recuperar coherencia emocional.

A veces me preguntan:

«Ángel, ¿no te da un poco de apuro mencionar tan abiertamente que sufriste un brote psicótico y te ingresaron en un psiquiátrico?».

Y no.

No me da vergüenza. No me da apuro. Me da igual.

No me da vergüenza.

Solo hay una cosa que me toca las pelotas acerca del hecho de que a mí me ingresaran en un psiquiátrico.

Hay una cosa que me indigna.

Hay una cosa que no entiendo y no entenderé nunca.

No entiendo —y jamás entenderé— que a mí, por decir que creo que al otro lado del espejo hay unos seres tratando de pasar a este plano y robarnos nuestras vidas, me ingresen en un hospital y, sin embargo, a Iker Jiménez...

A él no solo no le ingresas, sino que le das premios y dinero.

Me toca la polla muchísimo.

Sobre todo, porque lo suyo es muchísimo peor.

Porque él ha contagiado a su mujer.

Pero no me avergüenza lo más mínimo.

Sobre todo, porque, gracias a lo que pasó, he podido rehacer mi cerebro de una forma espectacular.

No bromeo.

Ahora mismo tengo un cerebro a prueba de bombas.

Tengo un cerebro que es prácticamente imposible sacar de quicio.

Tengo un cerebro que es prácticamente imposible conseguir que pierda la paciencia.

Y sé que es gracias a una de las ideas que apareció durante el brote y que decidí rescatar después para rehacer mi coco.

Os la voy a compartir, por si os sirve.

Durante un brote psicótico aparecen millones de ideas. Loquísimas todas. Pero esta de la que estoy hablando y que decidí rescatar fue la idea de que nosotros en realidad no existimos, sino que somos personajes de un videojuego controlado por una especie de nosotros mismos, pero desde otra dimensión.

Sé que ahora mismo muchos estáis preocupados en modo «pues yo eso lo he pensado alguna vez, Ángel».

No pasa nada.

Simplemente no lo digas en voz alta si no quieres que te aten a una cama sin que te folle nadie.

Por cierto...

Es muy desconcertante que te aten a una cama y no te follen.

Es como tener la versión gratuita de una fantasía.

Alguien me debe un polvo en ese hospital.

En serio.

Algún día voy a ir a ese hospital y diré:

«Alguien tiene que follarme. Me da igual quién sea, pero que alguien me folle, porque tengo aquí dentro algo a medio gas».

Pero volvamos a la idea.

A la hora de rehacer el coco decidí recuperar esa idea.

Y ahora mismo me tomo la vida como si fuera un videojuego en el que sé que, cada segundo, me voy a tener que enfrentar a un pequeño monstruo que va a intentar sacarme de quicio.

Eso es para mí la vida.

Un videojuego en el que sé que cada segundo alguien o algo va a poner a prueba mi paciencia.

Y os aseguro que estamos viviendo en un mundo diseñado para sacarnos de quicio.

No bromeo.

Estamos creando un mundo pensado para sacarnos de quicio.

Nosotros mismos hemos inventado máquinas para poner a prueba nuestra salud mental. Hemos inventado máquinas medidoras de paciencia.

No las hemos llamado así porque si las llamáramos «máquinas medidoras de paciencia» iríamos predispuestos a ganar.

Les hemos puesto otros nombres para despistarnos. Pero son máquinas medidoras de paciencia.

Hay muchísimas.

Las máquinas de *vending,* por ejemplo.

¿Nunca habéis intentado comprar una bolsa de patatas en una máquina de *vending* y que la bolsa, en lugar de caer, se quede atascada entre el estante y la puerta?

¿Por qué sigue pasando eso a estas alturas, si no es a propósito?

No bromeo.

Yo entiendo que esa mierda de que el producto se quede atascado entre el estante y la puerta te pase con la primera máquina que construyes.

¿Con la primera?

Lo entiendo.

No has calculado bien el espacio que tienes que dejar entre el estante y la puerta, y el producto, en lugar de caer, se queda atascado.

Pero una vez que has visto que esa mierda de que el producto se quede atascado entre el estante y la puerta puede pasar, ¿por qué cojones no haces las máquinas con un poco más de espacio entre el estante y la puerta?

¿Por qué me obligas a empotrarme contra la puta máquina como si fuera una cabra montesa en celo?

Me fascina cuando acabamos peleando con nuestros propios inventos.

Como cuando intentas pagar con un billete en un cajero automático y el cajero te lo escupe en plan:

«Yo esta mierda no la quiero».

¿Nunca os ha pasado eso?

Que estás intentando pagar con el billete en el cajero y el cajero te lo devuelve como diciendo:

«Que no, que no, que esto no se queda aquí conmigo».

Y de repente te ves intentando poner guapo al billete.

Revisas las esquinas, lo alisas, lo metes despacito... y entonces, si el cajero te lo escupe, ya le gritas al cajero en voz alta:

«¡¿Cómo que no quieres mi billete?! ¡¿Pero qué problema tiene mi billete?!».

Como cuando el móvil pierde cobertura, que le gritas al móvil:

«¡¿Cómo que no tengo cobertura?!».

Como si el móvil pudiera responderte:

«Hostia, perdona. Mala mía. Me he despistado. Tú, cuando veas que fallo, grítame, que así me arreglo».

Me fascina cuando acabamos peleando con nuestros propios inventos.

Es como la gente que choca contra puertas de cristal que se abren solas.

Me flipa.

Adoro ver a gente chocar contra puertas de cristal.

Podría pasar horas viendo vídeos en YouTube de gente chocando contra puertas de cristal automáticas.

Horas.

Sobre todo, porque la gente que choca contra puertas de cristal es la primera que cuando ve una mosca rebotando en una ventana dice: «Mírala, qué idiota. Ahí rebotando en la ventana», y yo pienso:

«¡Pero si te he visto hacer lo mismo hace tres minutos, *desgraciao*!».

Y lo mejor es que la gente que choca contra

puertas de cristal, cuando choca, se enfada. Choca con la puerta y se enfada.

Choca y dice:

«¡Es que está muy limpia!».

Como si el problema fuera que la puerta está limpia.

El problema no es que la puerta esté limpia.

El problema es que tienes un cerebro que, en lugar de decirte «*Cuidao,* puerta limpia», te ha dicho «No hay puerta, tira».

Ese es el problema.

No que la puerta esté limpia.

La limpieza nunca es un problema.

Y conste que yo choco con puertas de cristal automáticas.

Pero mis choques nunca son porque estén limpias.

Mi choque con puertas de cristal es porque doy por sentado que las puertas se abrirán a la velocidad a la que yo necesito que se abran.

Doy por sentado que el sensor detectará la velocidad de mis pasos, yo no bajo el ritmo de mis pasos, el sensor no detecta una mierda y me como la puta puerta.

Y, para mí, lo humillante no es chocar contra la puerta de cristal.

Para mí, lo humillante es que, cuando retrocedes para procesar el golpe y asegurarte de que todos tus dientes siguen en la boca, las puertas se abren como diciendo:

«Ahora sí. Pasarás cuando yo quiera, campeón».

Eso es para mí lo humillante.

Y con las puertas de ascensor tampoco me llevo bien.

Las puertas de ascensor son superbruscas.

Las que salen del lateral son muy muy bruscas.

¿Nunca habéis ido en un ascensor, llegáis a vuestra planta, las puertas se abren, te despides de la gente que va dentro y, al salir, las puertas se cierran y te empotran contra el borde?

¿Nunca os ha pasado eso?

Que salen, además, como si salir fuera una cosa a vida o muerte.

Salen en modo «¡Que te follen, bobo!». Y cuando notan que te han aplastado, tiran para atrás como diciendo: «Perdona, no te he visto».

Y si te pasa al salir, todavía. Pero como te pase al entrar, eso es la mierda.

Porque tienes que hacer el resto del viaje con gente que ha visto como casi mueres aplastado y sabes que están deseando que te bajes para despollarse de ti el resto del día.

Eso es lo más humillante.

Creo que una de las cosas más humillantes para el ser humano es cuando nos enfrentamos a nuestra propia inteligencia delante de gente.

Pero eso es porque el ser humano no es el animal más inteligente del mundo.

No lo es.

Hay mucha gente que intenta convencerte de esa idea.

Hay mucha gente que viene y te dice:

«El ser humano es el animal más inteligente del planeta».

No lo es.

Yo, cada vez que alguien intenta convencerme de eso, cada vez que alguien viene y me dice:

«Ángel, da igual cómo te pongas. El ser humano es el animal más inteligente del planeta».

Cada vez que alguien me dice eso, pienso:

«Entonces, ¿por qué cojones llevo yo más de cuarenta años viendo como en Nochevieja siempre hay alguien que confunde las campanadas con los cuartos y se empieza a comer las putas uvas antes de que toque?».

¿Sabéis cuándo empezó la tradición de comerse las uvas?

En 1880.

Llevamos más de ciento cuarenta años sin ser capaces de entender la diferencia entre campanada y cuarto.

No podemos seguir fingiendo que eso no está sucediendo.

En serio.

Si te comes las uvas en los cuartos, tú no puedes seguir con tu vida como si no pasara nada.

Hay que establecer un protocolo de actuación para esa gente.

Hay que establecer un protocolo de actuación para que si tú, en Nochevieja, te estás comiendo las uvas con tu familia y alguien se las empieza a comer en los cuartos, tú puedas levantar un teléfono y decir:

«Mi tío Juan. Venid a por él».

Hay que hacerlo.

Si tú te comes las uvas en los cuartos, no puedes seguir como si nada.

Las campanadas deberían servir como examen de cosas que tú no vas a poder hacer en el año que está entrando.

¿Te comes las uvas en los cuartos?

Pues tú, el año que está entrando, no puedes conducir maquinaria pesada, no puedes tener hijos, nada de quedarte solo en casa, ningún trabajo de responsabilidad...

A lo mejor no todo el año.

A lo mejor todo el año es mucho.

A lo mejor podemos organizar unas campanadas a los tres meses solo para ellos.

En marzo.

En marzo organizamos unas campanadas para la gente que se comió las uvas en los cuartos.

Si se comen las uvas bien, los devolvemos a su vida, pero si se vuelven a comer las uvas en los cuartos, los devolvemos al punto uno de la vida.

Tienen que empezar a hacer redacciones cortas sobre lo que han hecho el fin de semana, pintar sin salirse de la raya... Les dejamos dar paseos, pero cogidos a una cuerda para que no se nos pierdan...

Es que yo estoy convencido de que el mundo está hecho un puto desastre porque llevamos siglos poniendo al mando a políticos que se comen las uvas en los cuartos y estamos en plan «ji, ji, ja, ja», como si no pasara nada.

Cuando es algo sencillísimo de resolver, en serio.

Pero eso es porque el ser humano no es el animal más inteligente del mundo.

Y siempre hay alguien que viene y me dice: «Pues inventó la rueda».

Y yo pienso:

«Sí, bueno, y la mano de goma aquella que tirabas contra la pared y se pegaba, no te jode».

Pero porque no todo el mundo tiene la misma inteligencia.

Eso es lo único que tenemos que entender.

Que cada uno tiene su puta inteligencia.

La inteligencia no se actualiza al mismo tiempo para todos.

La inteligencia no funciona como una aplicación de móvil.

La inteligencia no funciona en modo:

«¡Hey! Recordad que esta noche mientras dormís vamos a actualizar la inteligencia y mañana despertaréis todos en 9,6 de inteligencia».

La inteligencia no funciona así.

La inteligencia... Cada uno tiene su puta inteligencia.

Por eso el mundo es como es.

Por eso el mundo es tan confuso.

Por eso el mundo está lleno de contrastes.

Vivimos en un mundo lleno de contrastes.

Lleno de contrastes.

Por un lado, tenemos coches eléctricos que funcionan solos sin necesidad de conductor, estaciones espaciales con gente viviendo fuera del planeta...

Pero también hay *parkings* donde el dueño no acepta el pago con tarjeta, porque considera que eso no es dinero todavía, y bidés que, para vaciarlos, como hace siglos que el tapón perdió la cadenita, si lo quieres quitar, no te queda más remedio que meter la mano en el agua donde acabas de lavarte el culo.

Ahora mismo vivimos en el mundo que saldría si fusionaras las películas *Ready Player One* con *Sor Citroën*.

¿Quién tiene razón? ¿Quién está loco?

Y yo qué cojones sé.

Por un lado, hay gente que no quiere tener dispositivos de voz tipo Alexa, el Google Assistance, e incluso le agobia el tema del móvil porque considera que son dispositivos que el Gobierno utiliza para espiar sus conversaciones, tenerla supercontrolada y saber todo lo que dice. Pero, por otro lado, hay gente como mis padres, que tiene un cacharro de esos y se pasa el día pidiéndole que le cuente chistes y le cante canciones.

¿Quién está más loco?
¿Y yo qué cojones sé?

Lo que sí te diría, porque a mí me gusta ayudar, es que, si tú eres una de esas personas que quiere tener uno de esos cacharros, pero te agobia pensar que el Gobierno lo va a utilizar para espiar tus conversaciones, yo lo que te diría es...

Cómprate el cacharro.

Hazme caso a mí.

Tengo una solución.

Cómprate el cacharro mañana mismo. Pasa setenta y dos horas pidiéndole que te cuente chistes y te cante canciones, y digo yo que habrá un momento en que alguien del Gobierno dirá:

«Oye, vamos a dejar de gastar recursos en espiar a este gilipollas, porque no pretende nada».

Sé listo, usa un poco el coco a tu favor.

Por eso el mundo es tan confuso.

Por un lado, hay gente a la que le agobia pensar que ahí fuera hay satélites, porque esos satélites pueden saber exactamente en qué lugar del mundo estás en cada puto segundo del día. Pero para otros, que eso exista es una ventaja, porque gracias a esos satélites pueden saber si en su zona hay gente con ganas de follar en Tinder, Grindr, Badoo...

Así que somos la generación del «me inquieta que me espíen, pero me viene de lujo saber si mi vecina tiene ganas de follar».

Somos una especie de Hamlet moderno que no sabe cómo manejarse en el mundo real.

Por eso el mundo es tan confuso.

Por eso a la gente le cuesta tanto manejarse en el mundo real.

Excepto si has pasado por un brote psicótico.

No bromeo.

Si has pasado por un brote psicótico, manejarte en el mundo puede ser supersencillo.

Porque, durante un brote psicótico, viajas a mundos infinitamente más complejos de lo que podáis imaginar.

Infinitamente más complejos.

Por eso, después, manejarte en el mundo real puede ser muy muy sencillo.

De hecho...

¿Sabéis cuál es el verdadero problema de pasar por un brote psicótico?

El de verdad.

El que nadie te cuenta.

Para el que no te preparan.

El verdadero problema de pasar por un brote psicótico es que, cuando todo termina, de repente, el mundo te parece aburrido de cojones.

Ese es el problema.

Porque todo el tiempo que tú antes pasabas expulsando demonios de tu perro, pilotando naves del espacio de un planeta a otro, negociando con el universo y con la muerte que morir fuese opcional, viajando en el tiempo para hablar con tu yo del pasado y del futuro e ir resolviendo ciertas cosas..., de repente, tú todo ese tiempo lo tienes libre.

Y tu cerebro dice:

«¿Y ahora qué hago yo con tanta vida?».

Y al principio es sencillo, porque como estás medicado hasta las trancas, ponerte los calcetines igual te lleva diez minutos.

No bromeo.

Cuando estás medicado la vida es lentísima.

Hace unos meses, revisando vídeos míos, me encontré con uno donde se me ve recién salido del hospital poniéndome un bañador corto negro, y lo hago a una velocidad que...

¿Recordáis un juego que se llamaba *Operación*?

¿Uno en el que tenías que sacar con unas pinzas el órgano de un paciente y, si las pinzas chocaban con el metal de los bordes, sonaba un pitidito?

Pues se me ve ponerme los calzoncillos a una velocidad a la que, si no sabes lo que acaba de pasar y que voy medicado hasta las trancas, al verme, piensas:

«A lo mejor va despacito porque si los calzoncillos le rozan fuerte las pelotas suena una bocina».

Estar medicado es agotador.

Física y psicológicamente.

Es tan cansado físicamente que se acaba contagiando a la cabeza y no tienes fuerzas ni para mantener conversaciones que a otros les parecerán supersencillas, porque sabes que no te entenderán y tú no tienes fuerzas *pa* explicarte.

Te enfrentas a conversaciones del tipo:
—¿Que has hecho hoy?
Y tú dices:
—Vestirme.
Y te dicen:
—Sí, bueno. Vestirte ¿y qué más?
Y ya te vienes abajo pensando:
—Hostia. VESTIRME. ¿Te parece poco?

Lo único bueno de estar medicado, si eres tío, es que deja de pasarte una de las cosas más vergonzosas que nos pasan a los tíos.

Y es que, durante una temporada, al estar medicado, se te deja de poner dura la polla simplemente porque sí.

Sin venir a cuento.

Entiendo el silencio.

Sé que este es un tema que los tíos han preferido mantener oculto durante siglos, pero ha llegado el momento de abrir este arcón.

Soy el elegido para hablaros de las erecciones *random*.

No sé si las tías sabéis esto, pero a los tíos, a veces, la polla se nos pone dura simplemente porque sí.

No hay un motivo.
No tenemos ningún tipo de control sobre ella.
Va totalmente por libre.

Es decir...
No es mérito vuestro.

Simplemente, estás tranquilo comiendo sopa con tus padres y notas como la polla se empieza a poner dura, en plan:

«¡Sopa! ¡Qué rica! ¿*Pa* mí no hay?».

No bromeo.
Funciona así.

De hecho, estoy seguro de que ahora mismo aquí hay más de uno que la tiene superdura y no está pensando nada guarro.

Simplemente estaba sentado aquí tranquilamente y ha empezado a notar como se le iba poniendo como un palo, en plan:
«Oigo risas. ¿Dónde estamos?».

Y ahora tiene medio cerebro tratando de prestar atención a todo lo que está pasando aquí, pero el otro medio, para intentar bajar la erección lo más rápido posible, lo tiene ocupado en pensamientos tristes o desagradables del tipo: «Tuve un perro de niño, pero ya no está», «Una vez vi a mi abuela en bañador con un pechito fuera»...

Ojo, que a lo mejor la mayoría de las depresiones en un tío son por culpa de tener que mantener siempre medio cerebro en «modo triste», por si viene una erección involuntaria poder bajarla a toda leche.

Pero estar medicado es superraro.

Porque, además, como toda la mierda va por dentro, te sientes como cuando lavas el coche en una máquina de autolavado.

Que, como lo lavas solo por fuera, cuando la gente lo ve, dice:

«Hostia..., llevas el coche limpísimo».

Y tú piensas:

«Como te metas dentro, potas».

Por eso, si ahora mismo estás haciendo un esfuerzo sobrehumano para poder mantener el culo quieto en el asiento porque tienes que vivir tomando unas pastillas que te hacen hervir por dentro la mayor parte del día, gracias.

Muchas muchas gracias.

Te aseguro que sé cómo te sientes y te agradezco más que a nadie que estés haciendo el puto esfuerzo.

*

Y si interrumpo aquí el monólogo es para decirte a ti, que estás leyendo estas líneas, lo mismo.

No tengo ni idea de si tú, que estás leyendo, ahora mismo estás en un momento sencillo o complicado.

No sé si te resulta sencillo concentrarte o no, ni si tienes que tomar algún tipo de pastilla o no. Pero si resulta que has llegado hasta aquí a pesar de estar en un momento especialmente jodido en el que te parece que no serás capaz de nada...

Gracias por estar haciendo el puto esfuerzo de intentarlo.

Porque, aunque te parezca que leer unas palabras no es nada, te aseguro que, con cada línea que consigues terminar, lo que le estás diciendo a tu cerebro es:

«Podemos hacerlo y lo haremos».

Ni se te ocurra rendirte.

Y ahora, con tu permiso, vuelvo al escenario. ;)

Y por si te sirve de algo, te diré que la pregunta que deberías hacerte ahora no es:

«¿Qué me ayudaría a estar bien?».

Eso no lo sabes.

Esa pregunta es muy confusa.

La pregunta que quizá te sirva de algo es:

«¿Qué cosas no me están ayudando a estar mejor?».

Eso quizá te dé una pista.

Por si te interesa, te diré que yo, desde que pasé por el brote, solo hago cosas que sé que son inteligentes a corto o largo plazo.

Si algo es inteligente, ahí estaré.

Aunque lo odie.

Si algo es inteligente a corto o largo plazo, ahí me verás.

Insisto...

Aunque lo odie.

Hago deporte.
¿Me gusta?
Lo odio.
Con todas mis putas fuerzas.
Pero ahí me verás cada puto día.

¿Sabéis lo que más odio de ir al gimnasio?

¿Lo que me parece más humillante de ir al gimnasio, a años luz de lo que sea lo segundo más humillante?

Lo que me parece más humillante es cuando el monitor, generalmente veinte años más joven que tú, para enseñarte cómo tienes que hacer un ejercicio, se pone a hacerlo él y, mientras lo hace, te dice:

«Tienes que notar el glúteo duro justo aquí. Mira: tócame. Tócame el glúteo justo aquí».

A menos que seas un viejo verde, la idea de tocarle el glúteo a un chaval veinte años más joven no era el plan con el que te habías despertado esa mañana, pero tampoco quieres quedar como un gilipollas anticuado, así que tocas un poco por encima, pero cuando vas a retirar la mano, él te la coge y la aprieta contra su culo mientras dice:

«Pero toca fuerte. Nota bien el glúteo duro ahí. ¿Lo notas?».

Y de repente te ves con tu mano de señor de más de cuarenta años en el culo de un chaval de veintitrés, mirándole a los ojos fijamente y diciendo:

«Está muy duro tu culo».

Mientras piensas:

«Ojalá mi polla no se ponga ahora como el glúteo de este».

Pero hago deporte.

Cada día.

De hecho, también practico defensa personal.

Llevo tres años haciendo defensa personal.

Quiero convertirme en una especie de Liam Neeson en *Venganza*.

Tres años.

Y después de tres años haciendo defensa personal, creo que ya puedo decir sin miedo a equivocarme que tengo un nivel en el que, si me atacas muy despacio y como yo te diga, puedo defenderme.

Si me atacas por la izquierda estoy jodido.

Pero si me atacas por el centro, muy despacio y con un cuchillo de goma chiquitito, puedo romperte el brazo por tres sitios.

Lo comprobé el otro día jugando con el hijo de seis años de un amigo.

No pasa nada.

Son de goma.

A los padres les dije que se había caído jugando.

El problema de la defensa personal es que sirve para protegerte de los golpes físicos, pero no de los verbales.

Y hay gente muy buena golpeando verbalmente.

Hay gente capaz de dejarte KO con las palabras sin ni siquiera darse cuenta.

Eso lo descubrí poco después de publicar *Por si las voces vuelven.*

Poco después de hacerlo, me tocó renovar el carnet de conducir.

Por si alguien no sabe en qué consiste renovar el carnet de conducir, se lo resumo rápidamente y a grandes rasgos.

Básicamente, son dos pruebas.

Una, importante, que es la de reflejos.

Necesitas poner toda tu concentración en ella y que nada te despiste.

Te sientas frente a un monitor, hay dos volantes y tienes que conducir al mismo tiempo dos palitos e intentar que los palitos no choquen con el borde del carril por el que van, porque si chocan, suena un pitidito.

Y necesitas toda tu atención, porque cada palito va a su puta bola.

Y la otra prueba es demostrarle a un médico que más o menos ves.

No es broma.

Con más o menos sirve.

El nivel de exigencia en la prueba visual de la renovación del carnet de conducir es bajísimo.

En serio.

Muy muy bajo.

Si un día tienes hora para renovar el carnet de conducir y al despertar por la mañana dices: «¡Hostia! Dios me ha quitado la vista», no canceles.

Preséntate.

Porque es probable que apruebes.

La prueba importante es la de reflejos.

Total...

Me siento frente a la máquina, cojo los volantes, pongo toda mi atención para que nada me despiste y, justo antes de empezar, la señora encargada de arrancar la prueba me dice:

—He leído tu libro.

Digo:

—Gracias.

Y añade:

—Pero, tranquilo, que no le diré nada al médico. Vamos con la prueba.

Y pone en marcha los palitos.

Bueno...

Si en los palitos había gente, no llegó bien a casa.

Os lo digo ya.

Me pasé toda la prueba rebotando los palitos contra las paredes y pensando: «A que me quedo sin carnet por haber estado loco y nadie me advirtió de esto».

Me fascina la gente sin tacto.

Salí de allí pensando:

«Tengo que conseguir clasificar el tipo de persona con el que me puedo encontrar a lo largo de mi vida para que así, cada vez que me encuentre con alguien, sepa a qué grupo pertenece, lo ubique y que mi relación con esa persona sea fluida e intuitiva».

Y lo he conseguido.

He conseguido clasificar el tipo de gente con el que me puedo encontrar a lo largo de mi vida y ahora, cada vez que conozco a alguien, enseguida sé a qué tipo corresponde, le ubico y mi relación con ellos funciona desde ahí.

Os lo voy a compartir, por si lo queréis usar.

Es jodidamente útil.

Hay tres tipos de personas.

Así de simple.

Tres tipos...

Las que suman, las que restan y las que ni fu ni fa.

Y con ese sistema funciono.

Además, es superintuitivo.

En el grupo de los que suman, metes a gente que hace cosas que sumen.

No importa si suma mucho o si suma poco. Si suma, va a ese puto saco.

Yo, en ese saco, tengo a gente que va desde Leonardo da Vinci hasta Tesla o Marie Curie, pero también meto ahí al desconocido que, cuando se cruza contigo por la calle, si ve que llevas la bragueta abierta, te lo dice.

Por cierto..., si ves a alguien que lleva la bragueta abierta, hay que decírselo.

Sé que a muchas personas les da vergüenza decirlo.

Lo sé porque a mí me daba vergüenza decirlo.

Y me puse a investigar por qué cojones me daba tanta vergüenza.

Yo, cuando noto cualquier emoción rara, me pongo a investigar y no paro hasta descubrir de dónde viene.

Y lo encontré.

Encontré por qué nos da vergüenza decirle a un desconocido que lleva la bragueta abierta.

Es por un trauma de cuando éramos niños.

Cuando éramos niños, si tú le decías a alguien que llevaba la bragueta abierta, ese alguien sentía tanta vergüenza que, en lugar de darte las gracias, te atacaba.

Tú le decías: «Llevas la bragueta abierta», y él, en lugar de decir «Gracias», te decía: «¿Y tú qué haces mirándome la polla?».

Así que hemos crecido con el miedo de que siempre nos respondan eso.

Pero ya no pasa.
Somos mayores.
Ahora, cuando le dices a alguien que lleva la bragueta abierta, dice «Gracias» y sigue con su vida.
Pero si, por lo que sea, a ti todavía te da vergüenza decirle a alguien que lleva la bragueta abierta por si te ataca, yo te diría que se lo digas usando mi sistema.

Yo tengo un sistema para informar a la gente de que lleva la bragueta abierta impidiendo la posibilidad de ataque, porque le informo de una manera en la que su nivel de estrés se dispara, pero enseguida se relaja.

El estrés simplemente le dura el tiempo justo para bloquear la posibilidad de ataque.

Os lo voy a compartir, por si queréis usarlo.

Funciona.

Lo he probado varias veces y funciona siempre.

Yo, si me cruzo, por ejemplo, con una chica que lleva la bragueta abierta, en lugar de decirle: «Llevas la bragueta abierta» y arriesgarme a que me ataque, le digo:

«Se te ve el coño».

Y su nivel de estrés se dispara, yo sigo caminando y cuando baja la mirada agobiada, se da cuenta de la verdad y dice:

«Solo es la bragueta, joder».

Y ya se relaja.

Funciona.
Os lo regalo.

Sigamos con las clasificaciones.

Luego está el grupo de personas que ni fu ni fa.

Yo en ese saco meto a gente que va desde el que inventó la mano de goma aquella que tirabas contra la pared y se pegaba hasta los que hacen dibujos con la espuma de la leche en un café que pides con tapa y para llevar. Y también meto ahí al típico chaval que trabaja de cajero en un supermercado y, cuando ve que llevas compra para un mes y medio o dos, te pregunta: «¿Vas a querer bolsa?».

Yo generalmente respondo:

«No. Iré haciendo viajecitos, gilipollas. Soy

el cabrón que os bloquea el supermercado dos meses, ¿no te lo han contado?».

A ese también lo meto ahí, porque me parece excesivo meterlo en el saco de los que restan.

Y en el saco de personas que restan meto a gente que, desde mi punto de vista, hace cosas que restan.

Ahí cada uno que meta a quien quiera.

Yo he empezado a meter a dos tipos de personas en el saco de los que restan.

Estaba dudando si contarlo o no, pero ya que nos estamos conociendo, creo que es justo que lo sepáis.

Lo siento, porque sé que es probable que ahora mismo haya personas aquí que se sientan identificadas con alguno de los grupos, pero me parece justo que sepáis que, si formáis parte de uno de estos dos grupos que voy a decir, para mí, estáis en el saco de personas que restan.

Primero, a los que para preguntar «Hola, ¿qué tal?» mandan tres wasaps y uno de ellos solo es el interrogante:

Hola

Qué tal

?

¡Agrupad, cojones!

Y también he empezado a meter en el saco de personas que restan...

Lo siento, porque sé que esto dolerá bastante, pero, para mí, es importante que sepáis que, si hacéis esto, estáis en el saco de personas que restan.

He empezado a meter en el saco de personas que restan...

A los que mandáis... notas de audio.

Os odio.

Os odio con toda mi alma.

¿Qué mierda os pasa con las notas de audio?

Hay gente que ya no manda notas de audio, manda pódcast.

Os digo una cosa...

Las notas de audio son la kriptonita de la salud mental y no os estáis dando cuenta.

Y no lo digo por decir.

No lo digo en plan:

«Esto es gracioso. Bromeemos con esto».

No es broma.
Yo nunca bromeo.

Odio las notas de audio.
Y ya sé por qué las odio.
Lo sé.
En cuanto algo me genera ansiedad, no paro hasta descubrir por qué cojones me genera tanta ansiedad.

Y lo descubrí hace unos meses.

Odio las notas de audio por un motivo muy sencillo.
Odio las notas de audio por un motivo supersimple.
Odio las notas de audio porque las notas de audio...
No llevan una sinopsis.

No sé qué me voy a encontrar al pulsar «play».

Las notas de audio solo llevan una barrita, un símbolo de «play» y una duración que puede ir de los dos segundos a una puta vida.

Pero no sé lo que me voy a encontrar.

Cuando pulse «play» me puedo encontrar con algo bueno, algo malo, algo regular o la peor de las opciones...

Una nota de audio que te manda alguien mientras está haciendo otra cosa.

¿Nunca habéis recibido un audio de esos?

Pulsas «play» y escuchas:

«Hey, tío, ¿qué pasa?... Estaba pensando que el sábado que viene, aprovechando que... Espera..., un momento... Ahora te digo. "Buenos días, ¿tenéis pan de masa madre?"... Perdona, tío. Es que esta mañana iba a desayunar y me he dado cuenta de que no tenía pan para tostadas y he pensado "qué rabia, joder", pero, bueno..., como han abierto una panadería aquí al lado de... "Cortado, sí. Gracias"... Pues he venido a comprar pan y así mañana desayuno tostadas porque... "Disculpa, ¿mantequilla vais a traer? Es que tu compañero me comentó que a lo mejor... Ya. Vale. Se lo pregunto mejor a él esta tarde. Sin problema". ¿Qué te iba decir, tío...? Ah, sí. Que el sábado que viene, aprovechando... *[Bosteza]*. Joder..., qué sueño tengo, tío. Es que esta noche he dormido fatal...».

Y de repente te ves escuchando un audio y pensando:

«¡¿Pero por qué cojones estoy acompañando yo a este hijo de puta a comprar pan al pasado?!».

Y lo peor es que esas notas de audio casi siempre terminan con un «joder..., perdona, tío. No sé qué te iba a contar. Luego te mando un audio y te cuento».

Odio las notas de audio.

Y os advierto, desde que se pueden escuchar a velocidad × 2 es peor.

Porque la gente las manda cada vez más largas, cada vez más largas, cada vez más largas y luego te envía un mensaje diciendo:

«Es un poco largo, pero como lo puedes escuchar a velocidad × 2, no pasa nada».

¡Y una mierda!

Sí que pasa.

Yo no puedo escuchar las notas de audio × 2.

Me estresa.

Me genera ansiedad.

Me siento como si estuviera escuchando a una puta ardilla cocainómana que no sé en qué momento me dará la información que es importante.

Os digo una cosa...

Lo de poder escuchar las cosas a velocidad × 2, lo de poder ver las cosas a velocidad × 2 nos está jodiendo la puta cabeza.

Os lo dice alguien que viene de un mundo muchísimo más lento.

Para mi generación, las cosas eran muy lentas.

A ver...

No es que las cosas fueran lentas.

Las cosas tenían la velocidad que la propia naturaleza les otorgaba.

Para mi generación, si tú quedabas con alguien y ese alguien no llegaba, tu única posibilidad de saber si se estaba retrasando o se había olvidado por completo de que teníais una cita era esperar.

Y si la persona se retrasaba más, es verdad que tus opciones se ampliaban a...

Esperar más.

Y aunque, por supuesto, no echo de menos las horas perdidas en esperar, reconozco que aquello me dio una herramienta extremadamente poderosa y que mucha gente está olvidando, e incluso creo que hay gente que ni siquiera la conoce.

Aquello me dio...
La paciencia.

La paciencia es la herramienta más poderosa del mundo.

Conozco gente que a los diez segundos de mandar un wasap ya está agobiada diciendo:
«¿Pero por qué no contesta, si está en línea y ya lo ha visto?».

A esa gente me encanta imaginarla tirando semillas de árboles al suelo y gritando:

«¡Pero crece ya! ¡Que quiero naranjas *pa* desayunar zumo mañana!».

Uno de los problemas más grandes que tenemos ahora mismo es la velocidad.

La puta velocidad.

Vamos a una velocidad en la que vivimos, la mayor parte del tiempo, entre lo que nos pasó y lo que creemos que nos pasará, sin prestar atención a lo que nos está pasando justo ahora.

Y es imposible que las cosas salgan como esperas si no prestas atención a lo que haces ahora mismo.

Y la prueba de que cada vez prestamos menos atención a lo que hacemos ahora mismo está en que nuestro yo del presente le complica cada vez más la vida a nuestro yo del futuro.

¿No me digas que tu yo del futuro no hubiese agradecido que mirases si había o no había papel antes de sentarte a cagar en aquel wáter aquel día?

O que mirases dónde dejas las llaves al llegar a casa para que, si al día siguiente tienes que salir diez minutos antes, no pierdas veinte dando vueltas como un gilipollas diciendo: «¿Dónde puse ayer las llaves?».

¡Hay gente que llega a mirar en la nevera!
En la nevera.

Es decir...
Hay gente que no descarta la posibilidad de haber llegado a su casa por la tarde, haber abierto la nevera, haber sacado las llaves, haberlas metido en la nevera, haber cerrado la puerta y haber seguido con su vida como si no pasara nada.

Y lo más gracioso es que cuando decide mirar en la nevera, va a ella mientras dice:

«Sé que es imposible, pero...».

¡No!

Si supiera que es imposible, no iría a la nevera.

Va a la nevera porque sabe que hay una posibilidad de que estén en la nevera.

Porque si realmente está abriendo el abanico a todas las opciones imposibles, después de mirar en su nevera, iría a casa de su vecino, tocaría el timbre y, cuando abriera, le diría:

«Perdona. Sé que es raro. ¿Pero puedes mirar si en tu nevera están mis llaves, por favor? Es que estoy abriendo el abanico a todas las opciones imposibles».

O incluso mandarme a mí un mensaje por las redes en plan:

«Hey, Ángel. Sé que es imposible, pero... ¿te

importaría mirar si en tu nevera están mis llaves?».

Es imprescindible dejar de actuar por inercia y sin pensar.

Sobre todo, porque cada vez nos saboteamos antes.

Cada vez antes.

¿Nunca os habéis levantado del sofá para ir a la cocina a beber agua y, al llegar a la cocina, os habéis quedado *tostaos* pensando: «¿A qué venía yo a la cocina?».

Y si me dijeras que del salón a la cocina tienes diez días de viaje matando dragones, lo entiendo.

Llevas diez días matando dragones, joder.

Has llegado en *shock*.

Normal que no recuerdes a qué ibas a la cocina.

Pero generalmente del salón a la cocina hay cuatro putos pasos.

Si después de cuatro pasos no eres capaz de recordar a qué ibas a la cocina, tenemos un problema serio de atención, Juan Carlos. Yo a mi hijo no te lo puedo dejar *pa* que lo cuides. Tú esto lo entiendes, ¿verdad?

Es como esa gente que está viendo la tele, llegan los anuncios, se pone a hacer *zapping* y se le olvida lo que estaba viendo.

Y al cabo de hora y media, dice:

«¡Pero si yo no estaba viendo esto! ¡¿Quién me ha cambiado a mí la tele?!».

¡Ojo!

Que he estado pensando mucho esto que voy a decir, pero a lo mejor la infidelidad es un poco eso.

A lo mejor la infidelidad simplemente es que tú sales a tomar algo por ahí, ves a una persona que te llama la atención, se te olvida que estás construyendo una relación y, cuando te quieres dar cuenta, pues es tarde.

Lo hemos *llamao* infidelidad, pero se podría haber *llamao* «*zapping* de personas».

Tú haz la prueba.

Si alguna vez te pillan siendo infiel, mantén la calma y di:

«De infiel, nada. Estaba haciendo *zapping* de personas y, en cuanto me he *acordao* de ti, he vuelto».

Es imprescindible dejar de actuar por inercia y sin pensar.

Es imposible que las cosas salgan como esperas si no prestas atención a lo que haces ahora mismo.

Todo se reduce a imaginar y decidir.

No bromeo.

Imaginar qué es lo que quieres y decidir basándote en si la decisión que estás tomando te acerca o no te acerca a eso que tú quieres.

Por cursi que suene, estamos esta noche aquí porque nuestro yo del pasado decidió que quería estar aquí esta noche.

Uno de mis sueños era estar esta noche con vosotros, y eso ha hecho que mi yo del presente tuviera que estar enfocadísimo en que cada decisión que tomara me acercara a estar aquí esta noche.

Si tenía que dar un paso y ese paso me acercaba, lo daba.

Si no me acercaba, no lo daba.

Fin.

Así de simple.

¿Ha sido fácil?

Ni de broma.

Ni de puta broma.

Porque algunas decisiones son infinitamente más jodidas que otras.

Pero precisamente esas son las decisiones importantes que hay que tomar.

Esas.

Las difíciles.

Sobre todo, porque...

Siento mucho ser yo quien lo mencione, pero...

Por mucho que te digan o por mucha medicación que estés tomando..., jamás empezarás a remontar hasta que no elimines de tu vida todas esas cosas, situaciones o personas que ya sabes que no te están ayudando a estar mejor.

Y eliminar todas esas situaciones, cosas o personas será una de las cosas más difíciles que tendrás que hacer.

Pero hay que hacerlo.

Todos tenemos algo roto.
Todos.
Sin excepción.

De hecho...
¿Sabéis por qué en los anuncios donde sale una familia, un grupo de amigos o compañeros de trabajo, siempre se los ve felices?
¿Sabéis por qué es?
Porque no son familia.
Ni compañeros de trabajo ni amigos.
Nada. No son nada.

Simplemente son personas a las que les dan dinero por fingir que se quieren y se llevan superbién.
Pero no son nada.
No tienen un pasado juntos.
Ninguno se ha gastado los ahorros del otro en una tragaperras, nadie les ha *pegao* a los

niños, ninguno le ha hecho al otro un *zapping* de personas, nadie ha traicionado a su colega por un ascenso de cien pavos...

Nada.

Por eso creo que el aviso ese que aparece en los anuncios donde puede verse un coche circulando a toda hostia que consigue frenar a un milímetro de un erizo en el que puedes leer:

«Conducción realizada por especialistas en circuito cerrado. Ni se te ocurra intentar a ti esta mierda, porque moriréis tú y el erizo», creo que es un aviso que debería aparecer en los anuncios que muestran relaciones.

En los anuncios donde salen relaciones debería aparecer un aviso que fuese:

«Relación creada por actores que no se conocen de nada a cambio de dinero, en una casa que hemos alquilado nosotros, con unos niños que no son los suyos y un perro *adiestrao*. Ni se te ocurra intentar esta mierda, porque la realidad no se parece un pijo».

Porque si no te lo recuerdan, corres el riesgo de creer que el error está en ti por no ser como esa gente.

Pero te aseguro, y lo sé porque lo he comprobado, que si eliminas de tu vida todas esas situaciones, cosas o personas que no te están ayudando a estar mejor, todo empezará a encajar por un motivo muy sencillo.

Cada vez habrá menos ruido en tu cabeza y podrás empezar a ver, imaginar y decidir lo que realmente quieres tú.

Y cuida mucho todo lo que ves, todo lo que lees y todo lo que escuchas.

Porque todo lo que veas, todo lo que leas y todo lo que escuches irá directamente a tu cerebro, y a lo mejor se pone a hacer cosas que a ti no te vienen nada bien.

Por eso hace años que yo no veo televisión.

Años.

Veo pelis, series, algún documental, pero absolutamente nada de televisión.

Y cuando alguien me pregunta: «Pero, Ángel..., ¿cómo puede ser que tú no veas televisión?», digo: «Pues por lo mismo que alguien que ha trabajado en la cocina de un McDonald's nunca vuelve a comerse una hamburguesa de McDonald's».

Una de las cosas que más daño está haciendo a la salud mental hoy en día son los informativos y los programas de actualidad.

¿Y sabéis por qué es?

Es porque a los medios de comunicación tu salud mental les importa una puta mierda.

Así de simple.

Y no lo digo por decir.

Tenéis la prueba.

Pusieron la prueba en bandeja.

La prueba está en que, en 2020, en el momento de mayor caos, miedo, ansiedad, pánico, estrés, inseguridad...

En el momento de mayor terror de toda nuestra historia, los programas de televisión y radio seguían poniendo anuncios.

Fin.

Ponías la tele y salían dos tipos hablando:

—Entonces, ¿vais a tener que empezar a meter cadáveres en polideportivos?

—Sí.

—Vaya movida.

—Ya te digo.

—Pues vamos a publicidad y a la vuelta nos cuentas cómo tenéis pensado trasladar los cuerpos, ¿vale?

—Vale.

Mientras tú estabas encerrado en casa tratando de reorganizar tu vida para no arruinarte y proteger a los tuyos, los medios de comunicación seguían intentando convencerte de que tenías que cambiar de coche, lavadora o móvil, mientras insistían en que casi seguro morirías o matarías. Por eso sé que a los medios de comunicación tu salud les importa una puta mierda.

Y cuando alguien me dice: «Entonces dices que lo que sale por televisión es mentira», contesto: «No. Digo que lo que sale por televisión está pensado única y exclusivamente para mantener tu atención y asegurarse de que los estés mirando cuando llegue el momento de venderte un refresquito».

Pero eso es algo que no pasará si consigues eliminar todo el ruido y centrarte en ver, imaginar y decidir lo que realmente quieres tú.

Pero a muchos seres humanos les cuesta darse cuenta.
Y lo entiendo.
Por supuesto que lo entiendo.

¿Cómo nos vamos a dar cuenta de cosas un poquitín serias si todavía no sabemos distinguir las campanadas de los cuartos?

Por eso, cuando alguien me pregunta: «Ángel, ¿confías en el ser humano?», mi respuesta es: «A ver..., solo en los que están en este teatro justo ahora».

*

Y si estás leyendo esto, también un poco en ti. ;)
Vuelvo al escenario.

Pero no es broma.

Que estéis aquí esta noche es alucinante.

A lo mejor creéis que simplemente habéis venido a ver un monólogo, pero habéis hecho algo salvaje por mí.

Habéis hecho por mí algo muchísimo más grande de lo que yo hice por el universo.

No es broma.

Nunca bromeo.

Os lo explico.

La madrugada del 15 al 16 de mayo de 2022 hubo un eclipse.

Pero no un eclipse cualquiera.

A lo largo del año hay muchos eclipses.

Hubo un tipo de eclipse que solo puede verse cuatro veces en cien años.

Y yo iba a poder verlo desde mi terraza de forma espectacular, sin ningún tipo de esfuerzo.

No bromeo.

Tengo una terraza desde la que la luna se ve de forma espectacular.

La luna, desde esa terraza, me recuerda mucho a cómo creía ver la luna mientras estuve loco.

Es muy salvaje lo bien que se ve.

De hecho, la primera vez que vi la luna desde esa terraza, me agobié.

Vi la luna y pensé:

«Hostia, se viene brote».

Pero por suerte había un amigo en casa y, cuando salió a la terraza, me dijo:

«Hostia, qué grande se ve la luna desde aquí, ¿no?».

Pensé:

«Bueno..., si es un brote, no voy solo».

Pero no bromeo, es espectacular cómo se ve.

Es decir, iba a poder ver un tipo de eclipse

que solo pasa cuatro veces en cien años sin ningún tipo de esfuerzo.

El universo se organizó durante miles de millones de años para ofrecerme la posibilidad de ver un tipo de eclipse que solo pasa cuatro veces en cien años desde mi terraza, sin ningún tipo de esfuerzo.

Llegó el momento del eclipse.

¡Pam!

Aquí está.

¿Lo vi?

No.

No lo vi.

¿Por?

Me dio pereza.

Me fui a la cama. Ni siquiera tenía sueño. Me acosté.

¿Os dais cuenta de lo faltón que tuvo que ser eso para el universo?

Miles de millones de años organizando un tipo de eclipse que solo sucede cuatro veces en cien años para que yo pueda verlo desde mi terraza sin ningún tipo de esfuerzo y, cuando llega el eclipse...

«¡Pam! Aquí está el eclipse. Ángel. ¿Dónde está Ángel?».

«Ángel se ha acostado. Se ha ido a la cama».

Sin embargo, vosotros os habéis organizado con meses de antelación para venir a ver a un tío al que podéis encontrar cada mañana gratis en internet, que os manda a hacer cosas sin importarle un carajo si estáis ocupados o no, me habéis dado parte de vuestro dinero y encima habéis conseguido que ya no me sienta tan mal con el universo.

Lo reconozco.

Me he quitado la espina que tenía con el universo porque sé que ahora mismo la mayoría estáis pensando:

«¿En serio hubo un eclipse?».

Y eso, de cara al universo, es más faltón, joder.

Porque yo por lo menos me enteré.

Vosotros, ni eso.

*

Y tú que estás leyendo, tampoco.
Tú, como mucho, irás a ver en Google si es verdad.

Pero, al menos, yo me enteré.

¿No os da un poco de pena que nos esté empezando a dar igual perdernos cosas que solo pasan cuatro veces en cien años?

Que igual la culpa no es nuestra.

A lo mejor la culpa es de la naturaleza por no ofrecer la opción de ver sus eclipses a velocidad × 2.

A lo mejor si la naturaleza ofreciese la opción de ver sus cosas × 2, las veríamos todos siempre.

Pero sí que tengo fe en el ser humano.

Mucha, de hecho.

Especialmente después de estas noches.

No bromeo.

Porque quizá, con un poco de suerte, esta noche alguien ha recordado algo que no recordaba.

Quizá, con un poco de suerte, alguien ha recordado que... todas las ideas tienen mil puntos de vista. Si algo no funciona desde el lugar que estás mirando, busca otro.

Hay mil puntos de vista.

A lo mejor alguien ha recordado que todas las emociones tienen un botón que las activa. En cuanto encuentres algo que te genere buena vibra, busca ese botón que ha activado esa emoción, déjalo a la vista y úsalo con frecuencia.

A lo mejor alguien ha recordado que se trata de sentir. No de competir. No de tapar una emoción con otra.

De sentir las emociones.

A lo mejor alguien ha recordado que la vida es simplemente un videojuego en el que a cada segundo va a tener que enfrentarse a un pequeño monstruo de paciencia.

A lo mejor alguien ha recordado que simplemente hay tres tipos de personas: los que suman, los que restan y los que ni fu ni fa. Decide con qué grupo quiere ir, con qué grupo relacionarse, y olvida al resto.

A lo mejor alguien ha recordado que se trata de eliminar de su vida situaciones, cosas o personas que no le están ayudando a estar mejor.

A lo mejor alguien ha recordado que se trata de que su yo del presente le allane el camino a su yo del futuro.

O, a lo mejor, alguien ha recordado lo más simple de todo.

Se trata de imaginar y decidir.

No bromeo.

Imaginar qué es lo que quieres y decidir basándote en si la decisión que estás tomando te acerca o no te acerca a eso que quieres.

A mí apenas me queda nada por contarte.

Pero me queda la verdad detrás de lo que ha sido esta gira.

El porqué de estas actuaciones.

Y se lo digo a quien pueda estar especialmente más frágil.

Estés donde estés, en el puto rincón que sea, te lo digo a ti.

Mi intención esta noche no era que vieras un monólogo.

Mi intención era demostrarte algo para

que la próxima vez que aparezca en tu cabeza el señor Gris intentando dar por culo, no le quede más remedio que cerrar la puta boca. Porque estás a punto de descubrir lo que de verdad ha pasado aquí esta noche.

Y te aseguro que es una herramienta infinitamente más poderosa de lo que puedas imaginar, si la recuerdas y la utilizas con frecuencia.

Mira a tu alrededor.
No bromeo.

Presta mucha atención a este momento.
Presta mucha atención a este momento.

Todos los que estamos esta noche aquí nos hemos reído de lo mismo.

Y eso significa una cosa que ya nadie me va a poder negar jamás:

Si todos los que estamos esta noche aquí nos hemos reído de lo mismo, significa que todos, en algún momento de nuestra vida, nos hemos sentido exactamente igual.

Así que la próxima vez que aparezca en tu cabeza una voz intentando convencerte de que estás completamente solo o completamente sola y de que es imposible remontar, recuerda dónde estamos ahora mismo y a esa voz no le quedará más remedio que cerrar la puta boca, porque aquí tienes la prueba de que estás muy, pero que muy lejos de estar completamente sola o solo y de que es imposible remontar.

Como ves, hay un montón de loquitos aquí.

Y te doy mi palabra de honor de que, si cualquiera de los que estamos esta noche aquí pudimos remontar, tú podrás volar.

Créeme.

No tengas ninguna duda.

Importante...

Volar en sentido figurado.

Lo aclaro por si alguno ha venido en pleno brote.

Aclarádselo.

Volar en sentido figurado.

No quiero mañana titulares en plan:

«¡Ángel dijo que podía volar!».

No, hostia, no. Ángel dijo que todo saldría bien de forma bonita. Relájate y baja de la azotea, cojones.

Volar en sentido figurado.

Ahora sí, ya solo me quedan dos cosas por decir.

La primera, que es la verdaderamente importante; no quiero terminar sin decirla y dejarlo superclaro...

Mírame, hostia, que da tiempo.

Te quiero.

Ya lo creo que te quiero.

Y la segunda cosa que quiero decir, aunque reconozco que esta la digo solo por si acaso, pero creo que es importante dejarla dicha...

Dedico a esto a mis muertos.

Y a los tuyos.

Y, por supuesto...

Punto para los locos

#Post_it

#Nohagaisruidoqueestoytrabajando

#Somosmonos

NOS
VIMOS
EN...

PAÍSES BAJOS
Mánchester
Dublín
REINO UNIDO
Ámsterdam
IRLANDA
Londres
BÉLGICA
París
FRANCIA
Donostia
ESPAÑA
Gijón
Santander
A Coruña
Oviedo
Basauri
Bilbao
Santiago de Compostela
Vitoria
Pamplona
Logroño
O Grove
Pontevedra
León
Burgos
Vigo
Tudela
Huesca
Figueres
Girona
Palencia
Vic
Sant Feliu de Guíxols
Zaragoza
Granollers
Valladolid
Sonorama
(Aranda de Duero)
Lleida
Mataró
Zamora
Barcelona
Segovia
Reus
Salamanca
Tarragona
Ávila
Madrid
Teruel
Arganda del Rey
Plasencia
Castellón de la Plana
La Vall d'Uixó
Maó
Alcázar de San Juan
Valencia
Cáceres
Palma de Mallorca
Villarrobledo
Mutxamel
Badajoz
Mérida
Ciudad Real
Albacete
Teulada
Ibi
Molina de Segura
Benidorm
Puertollano
Villena
Sant Joan d'Alacant
Elche
Córdoba
Murcia
Alicante
Orihuela
Sevilla
Jaén
Cartagena
Santa Pola
Benahavís
Granada
Águilas
Torrevieja
Almería
Torremolinos
Málaga
Cádiz
Estepona
Fuengirola
El Ejido
Algeciras
La Línea de la Concepción
Ceuta
Almuñécar

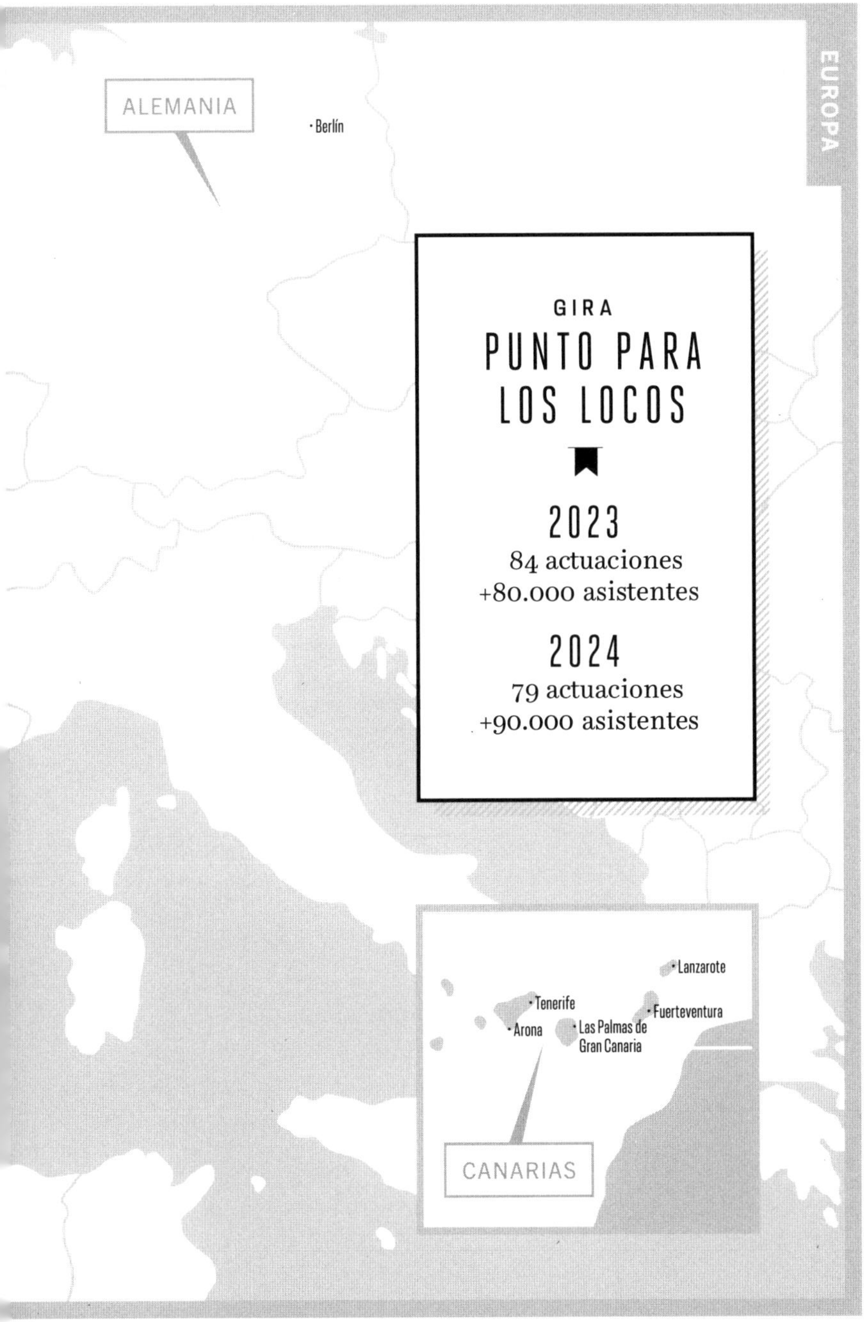

GIRA

PUNTO PARA LOS LOCOS

2023

84 actuaciones
+80.000 asistentes

2024

79 actuaciones
+90.000 asistentes

GIRA

PUNTO PARA LOS LOCOS

2023

84 actuaciones

Más de 80.000 asistentes

—

3 de febrero de 2023

Palma de Mallorca

4 de febrero de 2023

Villena

5 de febrero de 2023

Murcia

11 de febrero de 2023

Logroño

12 de febrero de 2023
Tudela

25 de febrero de 2023
Arganda del Rey

3 de marzo de 2023
Almería

4 de marzo de 2023
Cartagena

16 de marzo de 2023
Alicante

17 de marzo de 2023
Albacete

18 de marzo de 2023
Orihuela

19 de marzo de 2023
Molina de Segura

24-25 de marzo de 2023
Barcelona

26 de marzo de 2023
Girona

NOS VIMOS EN...

31 de marzo de 2023
Teruel

1-2 de abril de 2023
Zaragoza

20 de abril de 2023
Santiago de Compostela

21 de abril de 2023
Pontevedra

22-23 de abril de 2023
Vigo

28 de abril de 2023
Valladolid

29 de abril de 2023
Santander

30 de abril – 1 de mayo de 2023
Basauri

12 de mayo de 2023
Sevilla

13 de mayo de 2023
Córdoba

14 de mayo de 2023
Granada

19 de mayo de 2023
Fuengirola

26-28 de mayo de 2023
Valencia

1 de junio de 2023
Donostia

3 de junio de 2023
Gijón

9-10 de junio de 2023
Barcelona

11 de junio de 2023
Torrevieja

17 de junio de 2023
Jaén

25 de junio de 2023
Londres

7 de julio de 2023
Murcia

8 de julio de 2023
Mutxamel

9 de julio de 2023
Benidorm

28 de julio de 2023
Valladolid

29 de julio de 2023
Segovia

11 de agosto de 2023
Sonorama (Aranda de Duero)

19-22 de agosto de 2023
Bilbao

23 de agosto de 2023
Maó

29 de septiembre de 2023
Lanzarote

30 de septiembre de 2023
Fuerteventura

5 de octubre de 2023
Zamora

6 de octubre de 2023
Ávila

7 de octubre de 2023
Salamanca

8 de octubre de 2023
Palencia

12-13 de octubre de 2023
Tarragona

14-15 de octubre de 2023
Terrassa

21-22 de octubre de 2023
Pamplona

26-28 de octubre de 2023
Valencia

29 de octubre de 2023
La Vall d'Uixó

4-5 de noviembre de 2023
Málaga

10 de noviembre de 2023
Oviedo

11 de noviembre de 2023
León

17 de noviembre de 2023
Colmenar Viejo

18 de noviembre de 2023
Ciudad Real

23 de noviembre de 2023
Plasencia

24 de noviembre de 2023
Mérida

25 de noviembre de 2023
Cáceres

26 de noviembre de 2023
Badajoz

1 de diciembre de 2023
Lorca

2 de diciembre de 2023
Valencia

3 de diciembre de 2023
Elche

9 de diciembre de 2023
Huesca

15 de diciembre de 2023
Burgos

22 de diciembre de 2023
Palma de Mallorca

27 de diciembre de 2023
Madrid
WiZink Center

2024
79 actuaciones
Más de 90.000 asistentes

—

21 de enero de 2024
Donostia

27 de enero de 2024
Albacete

28 de enero de 2024
Alicante

2 de febrero de 2024
Granada

3 de febrero de 2024
El Ejido

4 de febrero de 2024
Cartagena

9 de febrero de 2024
A Coruña

15-16 de febrero de 2024
Barcelona

17 de febrero de 2024
Girona

23 de febrero de 2024
Córdoba

24 de febrero de 2024
Algeciras

25 de febrero de 2024
Sevilla

1 de marzo de 2024
Arona

2 de marzo de 2024
Las Palmas de Gran Canaria

3 de marzo de 2024
Tenerife

15 de marzo de 2024
Ávila

12-13 de abril de 2024
Cádiz

21 de abril de 2024
Jaén

26 de abril de 2024
Ibi

27 de abril de 2024
Teulada

4 de mayo de 2024
Reus

5 de mayo de 2024
Vic

10 de mayo de 2024
Lleida

NOS VIMOS EN...

11 de mayo de 2024
Zaragoza

17-18 de mayo de 2024
Valencia

19 de mayo de 2024
Bilbao

24 de mayo de 2024
Villarrobledo

18 de junio de 2024
Bruselas

20 de junio de 2024
Ámsterdam

22 de junio de 2024
Mánchester

23-24 de junio de 2024
Berlín

26 de junio de 2024
París

27 de junio de 2024
Dublín

29 de junio de 2024
Londres

5 de julio de 2024
Sant Feliu de Guíxols

27 de julio de 2024
Vitoria

28 de julio de 2024
O Grove

31 de julio de 2024
Sant Joan d'Alacant

1 de agosto de 2024
Santa Pola

8 de agosto de 2024
Águilas

9 de agosto de 2024
Torremolinos

10 de agosto de 2024
Estepona

25 de agosto de 2024
Almuñécar

13 de septiembre de 2024
Figueres

14 de septiembre de 2024
Granollers

29 de septiembre de 2024
Ceuta

5 de octubre de 2024
Benahavís

6 de octubre de 2024
La Línea de la Concepción

10 de octubre de 2024
Cáceres

11 de octubre de 2024
Badajoz

12 de octubre de 2024
Mérida

13 de octubre de 2024
Plasencia

17-19 de octubre de 2024
Santander

20 de octubre de 2024
Burgos

25 de octubre de 2024
Zamora

26-27 de octubre de 2024
Gijón

1 de noviembre de 2024
Salamanca

2 de noviembre de 2024
Valladolid

9 de noviembre de 2024
Palma de Mallorca

10 de noviembre de 2024
Ciutadella

15 de noviembre de 2024
Alcázar de San Juan

16 de noviembre de 2024
Puertollano

17 de noviembre de 2024
Sevilla

21-22 de noviembre de 2024
Murcia

29 de noviembre de 2024
Mataró

1 de diciembre de 2024
Torrevieja

7 de diciembre de 2024
Donostia

8 de diciembre de 2024
Pamplona

14 de diciembre de 2024
Valencia

15 de diciembre de 2024
Almería

30 de diciembre de 2024
Madrid
WiZink Center

—

FIN DE GIRA

BIOGRAFÍA DEL AUTOR

Ángel Martín es uno de los humoristas más prestigiosos de nuestro país. Empezó su carrera en Paramount Comedy como cómico de *stand-up,* faceta que mantiene en activo. Su salto a la fama se produjo, en gran parte, gracias al éxito arrollador del programa *Sé lo que hicisteis* (La Sexta). Más tarde volvió a la televisión para presentar *WifiLeaks* y *Dar cera, pulir #0,* ambos en Movistar+. En 2020 arrancó el pódcast *Misterios cotidianos* y creó el *Informativo matinal para ahorrar tiempo.* Sus vídeos alcanzan el millón de visitas diario. *Por si las voces vuelven,* su primer libro, se convirtió en un fenómeno editorial del que nació un pódcast de éxito y el monólogo *Punto para los locos.* En 2023 publicó *Detrás del ruido,* donde habló sobre todo aquello que le ayudó a rehacerse tras superar su brote psicótico, y que fue también un éxito editorial.